IDÉES ET RÉFÉRENCES

Introduction à l'œuvre de Keynes

Guide de lecture et d'interprétation

Lire Keynes et le comprendre

Bruno Ventelou

Docteur en Sciences économiques

vuibert

Dans la même collection

Les Théories de l'art,
Philosophie, critique et histoire de l'art
de Platon à nos jours,
par Jean-Luc Chalumeau.

La Littérature française aujourd'hui,
Essai sur la littérature française
dans la seconde moitié du XXe siècle,
par Pierre Brunel.

Introduction aux idées contemporaines en France,
par Jean-Luc Chalumeau *(à paraître)*.

ISBN : 2 7117 **8483 5**

Sommaire

Remerciements

L'auteur souhaiterait remercier les lecteurs des différentes versions manuscrites de l'ouvrage : A. d'Autume, O. Lenoé, B. Richard, et J. Ventelou.

Le GRID et le département de Sciences sociales de l'École Normale Supérieure de Cachan ont servi de cadre à la rédaction de ce livre : merci à leur directeur respectif, B. Munier et à C. Paradeise, pour leur soutien et leurs encouragements. Merci au professeur J.-P. Daviet pour son assistance.

L'auteur de l'ouvrage voudrait aussi remercier ses élèves, auditeurs de la préparation à l'agrégation de Sciences sociales de l'École Normale Supérieure de Cachan. Leur pertinence ainsi que leur rigoureuse curiosité l'ont bien souvent fait progresser, tant dans la lecture de Keynes que dans sa compréhension.

À Anne

Introduction générale

Chômage et récession, tels sont les deux fléaux économiques qui ont, à plusieurs reprises au cours du vingtième siècle, remis en cause l'organisation la plus profonde de nos sociétés. John Maynard Keynes (1883-1946) a son explication du problème : il la donne, avec force, dans les années vingt et trente en Grande-Bretagne. Cet ouvrage fait, comme tant d'autres, le pari que le message de J.M. Keynes est d'un enseignement très général : au-delà des différences d'époques et de géographie, il nous sert à mieux comprendre le monde et à l'améliorer.

Keynes est un auteur difficile : à l'issue d'une première lecture de la *Théorie générale* (œuvre majeure de Keynes écrite en 1936) peu d'apprentis économistes se déclarent réellement convaincus par sa limpidité. Il faut dire que les seniors économistes, ceux dont c'est le métier que de lire Keynes et d'en parler, ne paraissent pas beaucoup plus affirmés ; considérant les multiples controverses qui ont animé l'histoire de l'analyse économique depuis la publication de 1936, c'est bien le moins que l'on puisse dire... Ce petit fascicule est donc destiné à rendre possible un accès simple à la pensée keynésienne ; il est né d'un cours de préparation à un concours de l'enseignement secondaire, et ne poursuit qu'un objectif : faciliter la lecture de l'œuvre théorique de Keynes.

Le titre du livre résume bien l'approche adoptée : *Lire Keynes et le comprendre*, c'est d'abord, au plus simple, fournir un guide de lecture de l'œuvre économique de Keynes. Le premier chapitre, écrit comme une biographie, permettra de se repérer dans les différentes publications de Keynes. Ensuite, dans les chapitres suivants, trois grandes contributions sont plus explicitement analysées : le *Traité des probabilités*, le *Traité de la monnaie*, et bien sûr la *Théorie générale*. L'objectif de cette première approche est purement instrumental : s'orienter dans la bibliographie générale de Keynes, et s'orienter aussi à l'intérieur de quelques-unes de ses œuvres majeures.

Mais *la lecture* d'un tel auteur, si largement commenté, ne peut s'affranchir totalement de *ses lectures* (surtout lorsqu'elles sont offertes par Keynes lui-même...), tant les différentes interprétations du texte keynésien imprègnent les discours, jusqu'au choix des mots et de la forme pour le décrire. *Lire Keynes et le comprendre*, c'est donc aussi, inévitablement, *envisager les différentes exégèses de Keynes* : faire observer les points sujets à discussion, les tentatives d'extension ; voire, avec l'aide des grands spécialistes, identifier les apories et défaillances de l'auteur. Parfois à cet égard, il nous arrivera de trancher : lorsque les débats sembleront excessivement oiseux, lorsque aussi le recul de quelques années nous permettra d'identifier telle ou telle interprétation comme une fausse piste, nous choisirons la clarté et la simplicité ; *comprendre* restera notre objectif. L'efficacité de ce choix se mesurera à la santé intellectuelle du lecteur... mais aussi, il faut l'espérer, à la perméabilité des idées de Keynes auprès du plus large public.

Chapitre 1

Keynes : une vie de combats

La vie de Keynes est en elle-même une clef de lecture de son œuvre, cela apparaîtra clairement. Le présent chapitre procède à une brève évocation des éléments marquants de la vie de Keynes. Il est l'occasion, en même temps, de passer en revue *l'œuvre écrite* de notre auteur dont l'abord nécessite indubitablement quelques points de repère préliminaires, ne serait-ce qu'en raison de son étendue. L'outil de référence à cet égard nous est donné par les *Collected Writings*, édité par la Macmillan society. Cette (ré)édition complète de l'œuvre écrite de Keynes (jusqu'à la correspondance de l'auteur avec ses amis), lancée en 1971 et achevée en 1983, comporte 30 volumes. Nos renvois bibliographiques s'y rattachent tout au long du présent ouvrage (*Collected Writings* est noté *C.W.*, ensuite est indiqué le volume de la collection).

Son enfance, ses études, ses clubs

Keynes est né le 6 juin 1883 à Cambridge ; il bénéficie dès les premières années de sa vie du contexte familial et social le plus propice à son épanouissement. Sa mère est une femme moderne ; parmi les premières femmes étudiantes de Cambridge, elle choisit ensuite de s'investir dans la politique : elle siège au conseil municipal de Cambridge, où elle est connue pour ses idées féministes et libérales. Le terme libéral ne renferme pas la connotation qu'on lui accorde en France : il renvoie simplement à une position politique progressiste, plutôt qu'à une doctrine économique. Le père de Keynes est aussi lui-même un personnage réputé. Professeur d'économie politique et de logique à Cambridge, il s'avoue *économiste marshalien*. Keynes le père a publié un ouvrage de méthodologie de la discipline intitulé *The Scope and Method of Political Economy*. Le jeune Keynes grandit donc dans un contexte d'exception. Sa famille s'insère dans un milieu d'une grande hauteur intellectuelle, très avancé dans ses idées et dans ses mœurs. Très tôt, Keynes se lie d'amitié avec de nombreux intellectuels ou artistes. Il garde de son enfance par exemple une solide relation avec les sœurs Stephen, Vanessa et Virginia, qui deviendront respectivement : Vanessa Bell et Virginia Woolf.

Le premier choix d'étude de Keynes n'est pas l'économie politique. Étudiant à Eton, puis, en 1902, au King's College de Cambridge, Keynes étudie les mathématiques, tout en pratiquant de nombreuses autres activités : philosophie, poésie médiévale, aviron. Ses préférences vont à la philosophie ; en 1903, il devient membre d'un club tout entier consacré à cette discipline, *les Apôtres*, très fortement influencé par la pensée d'un jeune professeur du Trinity College : G. E. Moore *(Principia Ethica)*. La profession de foi des *Apôtres* met l'accent sur la recherche du vrai par l'austérité, la rigueur morale et la précision du langage. La logique et les mathématiques sont érigées en dogme, mais en même temps la philosophie de Moore insiste sur le rôle de l'intuition... Le club des *Apôtres* sera l'occasion pour Keynes de se forger de nouvelles amitiés dans les domaines les plus variés de la pensée et de la littérature : il y fréquente Lytton Strachey et Leonard Woolf, qui formeront bientôt le noyau du groupe de Bloomsbury (voir plus loin). Enfin, précisons que cette période *mathématico-philosophique* au King's college, lui permet de briller aux yeux de personnages aussi illustres que Withehead et Russell, qui s'apprêtent à faire paraître leur *Principia Mathematica*, ouvrage qui révolutionnera la philosophie anglo-saxonne. En 1909, Keynes soutiendra d'ailleurs une dissertation de mathématiques consacrée à la logique des probabilités, dissertation dirigée par Withehead, et publiée en 1921, après de longs travaux de remaniement, sous le titre *A Treatise on Probability*. La défense publique de cette thèse constituera le premier combat intellectuel de Keynes, puisqu'il y soutient des idées nouvelles et très anticonformistes. Les probabilistes d'alors sont quelque peu choqués par le jeune Keynes...

À propos d'anticonformisme, le (ou les) groupe(s) de Bloomsbury marque(nt) la vie londonienne de Keynes dans les années 1910 et 1920. Les deux sœurs Stephen, mariées, animent respectivement deux clubs dévoués aux arts, à la littérature et à la philosophie. Keynes est introduit dans ce milieu en 1909 par Duncan

Grant, artiste peintre avec qui il partage un appartement à Londres. En 1916, il s'intalle même au 46 Gordon Square, chez Vanessa Bell. Les groupes de Bloomsbury font scandale. Connus pour leur liberté d'esprit, ils choquent l'Angleterre, qui sort à peine de sa période victorienne. On y discute de tout, sans tabou : Keynes y trouve les interlocuteurs les plus distingués pour ses passions intellectuelles. Il y rencontre notamment le philosophe Wittgenstein, qui séjourne alors en Grande-Bretagne. La première guerre mondiale cependant met notre économiste en porte-à-faux à l'égard de ce petit milieu : le groupe de Bloomsbury se déclare pacifiste et considère l'engagement de Keynes dans l'effort de guerre (en tant que conseiller économique du Trésor britannique) comme peu compatible avec cette position. Dans les années vingt, Keynes prend de la distance. En 1925, il se marie avec Lydia Lopokova, danseuse classique. Pourtant, malgré son éloignement de la scène littéraire, son intérêt pour les arts ne faiblit pas. Tout au long de sa vie, il sponsorise les spectacles et les œuvres les plus diverses ; en 1936, il financera et ouvrira avec sa femme l'Arts Theater de Cambridge.

Sa vie professionnelle

La vie de Keynes ne se limite pas à de pures consommations esthétiques : sa vie professionnelle démontre une activité tout aussi débordante. En 1905, il s'oriente vers une carrière dans l'administration ; c'est même à cette occasion qu'il aborde l'économie politique, puisqu'elle est au programme des concours d'entrée de la fonction publique : il suit les cours de Marshall et de Pigou. En 1906, il intègre le ministère de l'Inde. Cette période au ministère (1906-1908) reste marquée pour Keynes du plus profond ennui. Sa plus grande réalisation fut selon lui d'exporter à Bombay un taureau à pedigree ! Il acquiert néanmoins une connaissance suffisante de l'économie indienne pour faire paraître en 1913, *Indian Currency and Finance*. Il y conteste les vertus de l'étalon-or pour la devise indienne et propose, au grand dam de la « city », l'indépendance d'une banque centrale indienne ; c'est l'occasion de son second combat.

Déçu par la fonction publique, Keynes réintègre Cambridge en 1909, grâce à sa thèse et au soutien de Marshall, qui lui trouve des enseignements d'économie au King's College. Il gardera toute sa vie une attache à l'université, sans toutefois participer pleinement à la vie cambridgienne : à partir de 1920, il ne recevra plus de salaire régulier pour ses activités d'enseignement. Présent le vendredi et le week-end à Cambridge, il réside la semaine à Londres où il se consacre aux activités que nous aurons bientôt l'occasion de détailler. Ses cours et ses travaux sont appréciés. Keynes gravit rapidement les échelons de la reconnaissance universitaire : en 1911, il devient rédacteur en chef de l'*Economic Journal* ; en 1913, secrétaire de la Royal Economic Society. À ce titre, Keynes choisira et accueillera les visiteurs étrangers à Cambridge (P. Sraffa, par exemple). Il animera un club d'économie politique situé sur le campus, et participera aux grands débats théoriques des années vingt et trente : avec, entres autres, F. Hayek, B. Ohlin, J. Rueff. Il collabore ainsi régulièrement aux différents supports d'information économique : revues et journaux.

Keynes néanmoins n'est pas seulement un universitaire. Tout théoricien qu'il est, il sait tirer partie de l'activité économique privée pour s'enrichir, et s'assurer le revenu nécessaire à l'assouvissement de ses multiples passions. Keynes boursicote ! Et, contrairement à la plupart de ses collègues économistes qui se sont essayé à la même activité, il accroît sa fortune (jusqu'à 500 000 Livres !). De ses talents, Keynes fait d'ailleurs aussi profiter les institutions qui lui sont chères : il enrichit avec lui la Royal Economic Society et le King's College, dont il assure la gestion financière. Sa réussite, comme conseiller financier, puis comme fondateur-directeur de sociétés d'investissement, lui vaudra la reconnaissance des milieux d'affaires britanniques : il préside aux destinées de plusieurs compagnies d'assurance, entre autres, la National Mutual Life Insurance Company et la Provincial Insurance Company. Des années vingt aux années quarante, Keynes disposera ainsi d'une totale indépendance financière vis-à-vis des institutions d'État, indépendance qui pourra s'avérer précieuse lorsque ses combats s'orienteront justement contre les positions officielles.

Les fonctions officielles : négociations perdues

L'effort que Keynes entreprend dans les années vingt pour gagner son indépendance s'explique certainement par les relations houleuses qu'il a pu entretenir avec son administration au tout début de sa carrière. En dehors de l'épisode du ministère des Indes, Keynes n'exerce des fonctions officielles à plein temps qu'à l'occasion des deux guerres mondiales. Après sa réintégration au Trésor en 1915, il fait partie de l'équipe qui négocie les accords de Versailles (1918-1919) concluant (mal !) la première guerre mondiale. À partir de 1940, ensuite, il retrouve le Trésor en tant que conseiller hors hiérarchie, et dirige la délégation britannique à la conférence de Bretton Woods (1943-1944), qui instituera le nouvel ordre monétaire international issu de la seconde guerre mondiale. Deux nouveaux combats... deux combats perdus.

La première mission, celle du Traité de Versailles, est l'occasion pour Keynes d'un scandale retentissant, où sa liberté d'esprit et son anticonformisme s'expriment pleinement au service de la cause qu'il s'est assignée. Chargé de calculer le montant des réparations allemandes sur deux critères, celui de la juste réparation des torts causés (aux pays alliés) et celui de la capacité de transfert du pays (la capacité de l'Allemagne à dégager un excédent de devises nécessaires au paiement), Keynes arrive au chiffre mesuré de 2 milliards de Livres sterling. Cette évaluation n'est pas partagée par la banque d'Angleterre, qui privilégie le premier critère sur le second, et propose le chiffre de 24 milliards (soit 12 années de P.I.B. allemand de l'époque) ! Le traité de Versailles, signé en juin 1919, ne stipule pas de montant définitif (une commission dite *des réparations* est créée, elle fixera la somme de 6,6 milliards de Livres), mais l'intransigeance affichée des vainqueurs, désireux d'écraser l'Allemagne du plus lourd tribut, fait sentir à Keynes que son évaluation ne sera pas prise en compte. Le 7 juin 1919, Keynes démissionne du Trésor et publie *The Economic Consequences of the Peace*. Il y prédit le non-paiement des réparations et une nouvelle guerre en Europe ! Ce livre, écrit en quelques semaines et destiné à porter le débat dans l'opinion publique, bénéficiera d'un retentissement immédiat et mondial : il fera au jeune Keynes une réputation d'ardent polémiste et de visionnaire. L'avenir ne fera malheureusement que confirmer la pertinence de ses propos.

Le second temps des fonctions officielles de Keynes ne fut pas plus heureux en terme de force de conviction des *autorités supérieures*. Dans les années quarante, lors de la seconde guerre mondiale cette fois, Keynes domine la délégation britannique ; ce n'est donc pas elle qui fait blocage. Au moment des négociations de Bretton Woods, le parti à convaincre est fédéré autour de l'américain Harry White et du *plan White* qui cherche à instituer le nouveau système monétaire international sur la base de l'étalon-or. Keynes y oppose son propre plan. Le *plan Keynes* propose de rompre avec cette vieille *relique barbare* que constitue l'or (l'expression est de Keynes lui-même et date de 1923). Une monnaie internationale, le bancor, créée par une banque centrale internationale, l'Union de Compensation, devait circuler entre les nations et se substituer à l'or comme unité de compte. Le projet de Keynes est gouverné par deux objectifs : gommer l'asymétrie entre les pays, dont le stock d'or est très inégalement réparti ; mais surtout, créer un système véritablement stable, où chaque monnaie nationale verrait son cours établi dans la durée, où chaque pays bénéficierait d'une *autorisation de découvert* avant de voir son déficit ou ses excédents se traduire par des fluctuations monétaires. Cette fois encore, Keynes échoue. Les Américains imposent leur plan, malgré le brio reconnu à l'économiste anglais dans la défense de son projet. Ce second épisode dans l'administration britannique néanmoins ne sera pas complètement négatif. En tant que conseiller du trésor, Keynes organise l'économie de guerre britannique. Il met au point les principes de la comptabilité nationale qui serviront d'exemple aux autres systèmes nationaux. Dans *How to Pay for the War*, enfin, il donne le moyen de traiter, dans une optique keynésienne, les problèmes d'une économie *en surchauffe*, c'est-à-dire, répondant aux caractéristiques inverses de l'économie de sous-emploi traitées dans la *Théorie générale.*

L'engagement politique de Keynes : les *Manifestes et Pamphlets*, ou l'histoire économique des années vingt et trente en Grande-Bretagne

Cette brève biographie de notre auteur ne serait pas complète sans références à son plus long combat : celui mené contre le parti conservateur britannique et son passéisme économique. Selon Keynes, c'est cette orthodoxie forcenée, notamment sur la question de la *valeur or* de la Livre, qui serait responsable de la crise économique profonde et durable qu'a vécue la Grande-Bretagne dès le début des années vingt. Pour ce combat, Keynes utilisera deux types d'armes : des armes de portée limitée mais néanmoins efficaces pour leur force de persuasion à court terme, les *Manifestes et Pamphlets* ; et des armes de longue portée, véritables missiles intercontinentaux, formées de son œuvre théorique. Cette dernière sera évidemment détaillée et travaillée dans les chapitres suivants du présent ouvrage ; nous n'y ferons ici qu'une brève allusion.

En dehors de son œuvre universitaire, Keynes a donc démontré une forte propension à produire des travaux de conviction, réactions *à chaud* aux grands problèmes économiques, politiques, sociaux de son temps. L'ouvrage *Les Conséquences économiques de la paix*, déjà évoqué lors des négociations du traité de Versailles, en constitue un bon exemple. En ce qui concerne les décisions politiques internes, Keynes adopte la même méthode de l'engagement spontané et de la lutte pied-à-pied : il soutient des programmes politiques, et en stigmatise certains autres. Ces *Manifestes et Pamphlets* sont plus destinés à convaincre l'opinion publique et le pouvoir politique à adopter les vues keynésiennes, qu'à entamer un débat scientifique sur les sujets abordés : citons en 1925, *The Economic Consequences of Mr Churchill*, et en 1929, *Can Lloyd George do it ?*. En 1931, Keynes rassemble lui-même une partie de ses écrits sous le titre *Essays in Persuasion* : l'ouvrage est constitué d'extraits de ses livres marquants et d'articles de journaux principalement publiés dans le journal *The Nation and Athenaeum*. Le périodique est alors contrôlé par le parti libéral, formation politique à laquelle Keynes s'est associé pour mener son combat.

Le message de Keynes tient en quelques mots. Les grandes options de politique économique adoptées par les conservateurs et appliquées par Mr Churchill à partir de 1924 sont erronées. Précisément, la stratégie de rattachement de la Livre à sa parité or d'avant la première guerre mondiale a freiné le dynamisme économique : les produits britanniques se vendent mal à l'étranger du fait de la surévaluation de la monnaie (la balance commerciale est déficitaire) ; de plus, la nécessité de soutenir artificiellement la parité ancienne de la Livre conduit la Banque d'Angleterre à pratiquer un taux de réescompte (taux d'intérêt directeur) exagérément élevé : la surévaluation des taux d'intérêt bloque l'investissement privé et ralentit l'activité. En Grande-Bretagne, le chômage apparaît très tôt, beaucoup plus tôt qu'ailleurs (États-Unis, France, etc.) où le sous-emploi est consécutif à la crise de 1929 : en 1928, il y a déjà un million de chômeurs.

La politique prônée pour résoudre la crise ne satisfait pas Keynes : les conservateurs, plutôt que *laisser filer* la Livre, veulent améliorer la compétitivité prix de leur produit en pratiquant une politique d'austérité : stricte orthodoxie monétaire et budgétaire, donc, en espérant, à terme, une baisse des prix et une compression des salaires. Théoriquement, le principe des *stabilisateurs automatiques* révélé par Ricardo doit assurer la déflation (la baisse des prix). Selon les économistes classiques en effet, dans un système de changes fixes étalonné à l'or, le déficit d'une balance commerciale provoque des sorties d'or, une moindre circulation de monnaie, et finalement — par la loi quantitative —, une baisse des prix qui relance le commerce extérieur du pays. En d'autres termes, les déficits, ou les excédents, se corrigent *automatiquement* par la variation du niveau général des prix et des salaires. Keynes conteste cette position : « Pour des raisons de justice sociale, on ne peut justifier la réduction des salaires des mineurs [...]. Ils enregistrent en leur chair les ajustements fondamentaux, aménagés par le Trésor et la banque d'Angleterre, pour satisfaire l'impatience des pères de la City [...]. » (*C.W.*, vol IX, p. 223).

Prenant acte, Keynes soutient une politique inverse de celle adoptée par les conservateurs : en 1929, il fait adopter par Lloyd George, alors leader du parti libéral, un programme de grands-travaux : faute d'ajustement par le niveau des prix, système propre au XIXe siècle et aujourd'hui désuet, l'État doit assurer lui-même la relance de l'économie. Les libéraux très affaiblis politiquement ne gagneront jamais plus les élections en Grande-Bretagne, mais Keynes aura l'occasion de défendre ses idées en tant que membre de deux commissions, formées (l'une par les conservateurs, l'autre par les travaillistes) pour trouver des solutions de sortie de crise : le Mac-millan Commitee, et The Economic Advisory Council.

Tel qu'il est apparu dans la citation, cependant, l'argument invoqué est d'ordre moral ou social : pour des raisons de justice sociale, la déflation n'est pas souhaitable. Keynes ressentira le besoin d'appuyer sa contestation de l'orthodoxie, et son option pour les grands-travaux, d'un argumentaire strictement économique : la déflation n'est de toute façon en aucun cas facteur d'efficacité économique. C'est l'objet de son travail théorique : l'œuvre militante de Keynes doit donc être associée à son œuvre scientifique. Celle-ci, pour la présenter rapidement, est constituée d'une *Trilogie monétaire*, d'après l'expression de Patinkin. En 1923, paraît *A Tract on Monetary Reform*, premier acte de cette trilogie. Le jeune Keynes y défend le flottement de la Livre plutôt que son rattachement à une parité or : dans la logique de ce qui vient d'être dit, Keynes préfère l'instabilité du cours de la Livre, plutôt que l'instabilité des prix internes qu'impliquent les *stabilisateurs automatiques*. En 1930, Keynes fera paraître *A Treatise on Money*, et en 1936, la *Théorie générale*, deux livres étudiés en détail dans les chapitres à venir. Ces trois ouvrages marquent un crescendo dans la contestation de l'orthodoxie : en 1923, seules les lois monétaires du commerce international sont contestées, puis viendront d'autres contestations plus fondamentales, voire *révolutionnaires*. À cet égard, la question de l'homogénéité de ces trois ouvrages, suggérée par le terme *Trilogie*, est discutable ; il y a une telle rupture entre les deux premières œuvres et la dernière que l'expression semble valoir surtout pour sa seconde composante : le *monétaire*, comme axe de contestation de la théorie classique. C'est en cela qu'il y a permanence des questionnements, sinon homogénéité des réponses…

Conclusion

Keynes est mort le 21 Avril 1946. Que faut-il retenir de cette vie aux multiples facettes ? D'abord, Keynes n'est pas un professeur d'université… Précisément, il n'est pas *seulement* un professeur. Contrairement à la plupart des grands noms de la science économique au XXe siècle, Keynes ne vit pas de l'enseignement de la discipline, et des querelles qui l'opposent à ses collègues universitaires. Keynes est parfaitement intégré dans le milieu des affaires, et de la politique. Parfois même, il est directement responsable des décisions gouvernementales, en Grande-Bretagne, mais aussi à l'étranger lors des grands traités internationaux, ou bien, quand il rencontre le président Roosevelt quelques mois avant l'application du New Deal aux États-Unis… L'œuvre de Keynes est donc totalement insérée dans une histoire économique ; c'est sa force, parfois aussi sa faiblesse : l'urgence, à laquelle le conseiller politique est soumis, interdit le recul et l'effort de cohérence que l'universitaire aime à déployer dans ses écrits… Autrement dit, l'empressement de Keynes à voir la Grande-Bretagne brûler les vieilles idoles (de l'étalon-or, du laissez-faire) fait de l'œuvre keynésienne une œuvre *militante*, même si ce mot admet aujourd'hui une lourde connotation péjorative. Ce *militantisme* pourrait bien être par ailleurs une clé de lecture et de compréhension du travail de Keynes.

Le prochain chapitre, malgré tout, privilégie l'histoire des idées sur l'histoire des faits : il s'agit de retracer l'état de la théorie économique — que Keynes connaît bien — au moment précis où celle-ci s'apprête à subir la *révolution keynésienne*. De fait, tout y prépare…

Chapitre 2

— État de la pensée économique à la veille de la *Théorie générale* —

Malgré un parcours professionnel original, Keynes reste un homme de la *profession*. En conflit ou en accord, il s'inscrit de toute façon dans les termes des débats de la théorie économique qui lui est contemporaine ; ses articles de recherche et son courrier en témoignent. Pour comprendre l'œuvre keynésienne, donc, il nous a paru nécessaire de retracer le contexte intellectuel de son élaboration. La tradition anglaise de l'*équilibre partiel* représentée par Marshall et Pigou et la perspective de l'*équilibre général* de Walras et Fisher sont ainsi très brièvement rappelées. Le détour par ces deux cadres d'analyse devra, en conclusion de ce chapitre, nous fournir certaines clés d'interprétation pour la pensée économique de Keynes.

Section 1. La tradition anglaise de l'équilibre partiel

Keynes est un économiste anglais, il est d'abord influencé par ses pairs les plus directs, ses professeurs et amis de même nationalité. Les pensées de Marshall (1842-1924) et Pigou (1877-1959), les deux économistes anglais les plus notoires de ce début du XXe siècle, doivent donc être développées.

1. Alfred Marshall et la dynamique des branches

Alfred Marshall est considéré en Grande-Bretagne au début de ce siècle comme le *pape* de l'économie, dont il cherche à édifier *la cathédrale* (d'après ses propres termes). Ses *Principes d'économie politique* (1890) constituent la base de l'enseignement de l'économie dans les universités. Keynes dira : « nous sommes tous les élèves d'Alfred Marshall ».

Le « temps » dans les *Principes*

Le plus représentatif de la démarche de Marshall est sa volonté de rendre compatible la théorie classique (élaborée par A. Smith et D. Ricardo entre 1776 et 1823) et la théorie néoclassique (dite aussi *marginaliste* et datant des années 1870). Le « temps », puis la dynamique des branches décrite par Marshall, forme à cet égard l'opérateur essentiel de la synthèse entre les deux corpus. Cette synthèse marshallienne explique pourquoi Keynes regroupe sous la même appellation, *classique*, l'ensemble de la théorie économique orthodoxe. Plus fondamentalement, l'énoncé précis de la dynamique marshallienne permet de bien *calibrer* les interrogations les plus vivantes et cruciales de la théorie économique à l'époque de Keynes.

À l'issue des années 1870, deux théories s'affrontent sur la détermination de la valeur relative d'un bien : le *groupe classique*, à la suite des développements de Ricardo, soutient que le rapport d'échange des biens se fixe en proportion des coûts nécessaires à leur production ; le *groupe marginaliste* affirme que le rapport d'échange des biens est déterminé par l'utilité relative de leur dernière unité consommée. Sont-ce donc les conditions de l'offre et de la production qui fixent les prix d'équilibre, ou plutôt la demande et l'utilité ? La réponse de Marshall est nette ; les deux, telles les deux lames d'une paire de ciseaux... Cependant, selon le moment de l'observation et (donc), selon la lame en mouvement, on pourra accorder plus d'importance à l'une ou l'autre des deux relations. La notion de *période temporelle* s'impose dès lors comme un outil indispensable à l'analyse économique. Marshall distingue trois périodes : l'ultracourte période, la courte période et la longue période. Dans un texte devenu fameux, Marshall défend cette analyse : il s'attache à une description du fonctionnement du *marché aux poissons*. Reprenons la parabole, en insistant sur la généralité de l'histoire : les figures ci-contre illustrent le raisonnement.

L'ultracourte période, la période de marché, se définit comme le moment où la flottille rentre au port et dépose sa pêche. L'offre est parfaitement donnée ; sur le marché (le quai), elle se représente par une droite verticale. Ce sont les variations de la demande qui fixent les prix. Ici, justement, on suppose un choc de demande, exprimant par exemple un goût nouveau des consommateurs pour les poissons. Ce choc produit une hausse

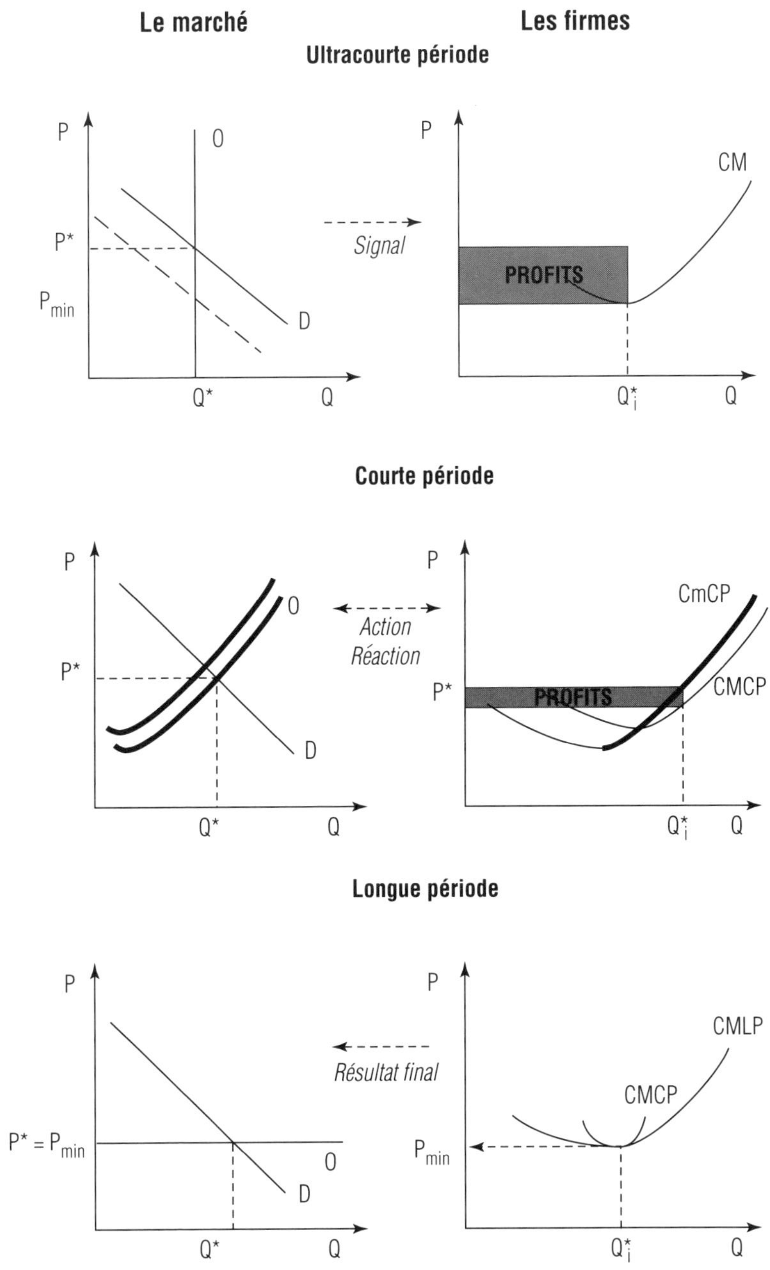
Le marché
Les firmes
Ultracourte période
P
O
P*
P min
D
Q*
Q
Signal
P
CM
PROFITS
Q*i
Q
Courte période
P
O
P*
D
Q*
Q
Action
Réaction
P
CmCP
P*
PROFITS
CMCP
Q*i
Q
Longue période
P
P* = P min
O
D
Q*
Q
Résultat final
P
CMLP
CMCP
P min
Q*i
Q

du prix, qui, au niveau des firmes (chaque bateau), crée un surprofit. Le choix de la quantité Q_i (au minimum du coût moyen) comme point de départ de l'offre d'une firme trouvera sa justification à la fin de l'histoire (de la dynamique que nous sommes en train de décrire)...

La courte période de son coté peut durer de quelques jours à plusieurs mois... Rigoureusement, elle se définit comme le laps de temps durant lequel les firmes réagissent au choc de demande en ajustant leur taux d'activité, mais sans avoir le temps de modifier leur stock de capital (la nature et la taille de la flottille sont strictement données). Réagissant à la nouvelle demande, chaque bateau pousse la production jusqu'à son maximum de profit (jusqu'au moment où son coût marginal est égal au prix de marché), en recrutant de nouveaux employés et en prolongeant la durée d'utilisation des équipements (son temps en mer). Sur le marché, l'agrégation des offres individuelles donne une offre totale qui, à l'intersection de la demande, détermine un prix. Cependant, durant toute cette période, l'existence d'un surprofit positif constitue une incitation à entrer dans la branche (étendre la flottille) : l'offre augmente par petits sauts successifs correspondant à la production des nouvelles firmes...

La longue période enfin poursuit l'histoire à son terme, en autorisant un ajustement du capital et du nombre de firmes. Au niveau de chaque entreprise, l'ajustement du capital permet à la firme de réduire ses coûts (la courbe CMLP enveloppe les courbes CMCP : le bateau est parfaitement configuré aux nouveaux rythmes de pêche). Mais surtout, au niveau de l'activité totale de la branche, le signal fourni par l'existence d'un surprofit a permis d'ajuster aussi le nombre de firmes (la taille de la flottille) : les capitaux sont entrés dans la production de poisson et de nouvelles firmes concurrentielles se sont créées. Sur le marché, l'offre augmente, faisant du même coup diminuer le prix d'équilibre. Ce processus perdure logiquement jusqu'à l'annulation du surprofit. En longue période, donc, sous l'effet d'une allocation concurrencielle des capitaux, la nouvelle demande est finalement satisfaite au minimum du coût moyen des firmes. (Il faut supposer ici que les firmes ont toutes des coûts identiques. Dans le cas de firmes supportant des coûts différents, une rente différentielle apparaît pour les firmes les plus efficaces, mais ce n'est pas essentiel à la démonstration.)

Cette description par Marshall de la dynamique d'une branche présente pour l'étude de Keynes plusieurs intérêts. D'abord, elle explique la position de Keynes quant à l'existence d'un *paradigme classique* unique pour l'économie : le temps chez Marshall permet de constituer logiquement les termes d'une synthèse entre classiques et néoclassiques : à court terme, ce sont les goûts des consommateurs qui déterminent les prix ; à long terme, les coûts de production deviennent déterminants. Les marginalistes (1872) pour le court terme, et D. Ricardo (1817) pour le long terme. Tout le monde est d'accord et le débat est clos ! Keynes ne reviendra d'ailleurs jamais sur la question de la valeur. Mais, plus fondamentalement, la dynamique marshallienne constitue une *superbe démonstration* (sous hypothèses restrictives, nous allons y venir...) des propriétés allocatives de la libre entreprise : l'ajustement du marché aux poissons, c'est l'histoire de l'ajustement de la structure productive d'une économie aux besoins des consommateurs. Dans un premier temps, le goût nouveau pour le poisson est — compte-tenu de l'inélasticité de l'offre — rationné par une élévation du prix. Néanmoins, au fil du temps, cette élévation constitue le signal et l'incitation pour les ressources à s'allouer dans la branche. Le surprofit ne joue à cet égard qu'un rôle transitoire : il constitue l'opérateur à court terme du réajustement. *À la fin de l'histoire, la demande additionnelle est satisfaite, au moindre coût par une offre parfaitement élastique.* Marshall nous offre donc une description du fonctionnement d'une économie de marché, qui sonne comme un panégyrique. Gageons que sur ce point Keynes ait été convaincu.

Les impasses théoriques de Marshall : l'ultralongue période, la question des rendements, la critique de Sraffa

Néanmoins, l'intérêt de l'étude de la dynamique marshallienne réside principalement dans ses limites... La première objection habituellement faite à Marshall réside dans le choix de son approche d'*équilibre partiel*. Marshall choisit délibérément, au cours de son exposé, de négliger les interactions du marché aux poissons avec les autres marchés : *quid* notamment du marché à la viande durant toute cette belle dynamique ?... Ne peut-on envisager des interactions entre les deux marchés, qui reviendraient mettre en cause l'établissement de l'équilibre de long terme précédemment élaboré ? À cela, Marshall préfère ne pas répondre, il sait ne pas en avoir les moyens. La science économique contemporaine, malgré des tentatives renouvelées est d'ailleurs toujours incapable de trancher précisément la question ; nous reviendrons sur ce sujet dans les développements consacrés à l'équilibre général de Walras.

La deuxième objection a été faite par Marshall lui-même ; elle correspond à une interrogation sur le devenir de l'état stationnaire établi en longue période. En fait, elle ouvre le débat sur la dynamique de l'économie pour une nouvelle perspective temporelle, celle de *l'ultralongue période*. En quelques mots, lorsque l'on se place au terme de la dynamique en longue période, on (ré-)obtient logiquement le résultat de Ricardo sur l'absence de progrès économique à l'état stationnaire : après les ajustements, l'économie reste figée ; le prix de vente d'une branche est strictement déterminé au minimum du coût moyen, sans jamais plus évoluer… Les rendements décroissants des branches (contenus dans l'hypothèse des coûts moyens de forme en U) finissent par imposer l'absence de croissance à l'état stationnaire. Marshall est très insatisfait par ce résultat, qui ne rend pas compte de réalité empirique notable pour le long terme : l'existence de gains de productivité des branches, leur répercussion dans la structure économique, et, bien sûr, l'existence d'un taux de croissance positif pour les systèmes économiques (Marshall contrairement à Ricardo a pu observer les effets de la révolution industrielle sur le long terme !).

Pour remédier à cette invraisemblance, Marshall propose d'envisager la possibilité d'*effets externes* entre les firmes de la branche, qui expliqueraient qu'en *ultralongue période*, l'offre de la branche se fasse finalement à coûts décroissants (ou à rendements croissants). On obtiendrait le schéma suivant pour la branche :

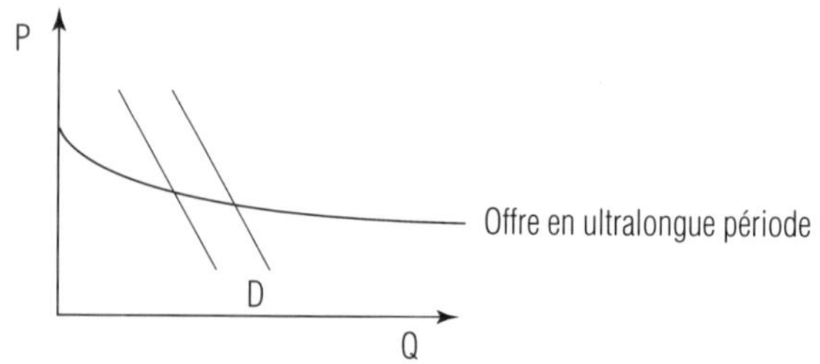

Passant, comme il le dit lui-même, de « l'analogie mécanique à l'analogie biologique » (les firmes de la branche, loin de se comporter comme des corps inanimés soumis à la seule règle de concurrence, profitent les unes des autres comme les éléments d'un corps vivant), Marshall semble donc finalement adhérer à une conception où les rendements globaux de la branche seraient croissants. Telle est la porte de sortie choisie par Marshall pour rendre compte du progrès économique…

Mais, l'histoire ne s'arrête pas là. En 1926, P. Sraffa, ami de Keynes séjournant à Cambridge (le séjour a été plutôt long : Sraffa, arrivé à Cambridge en 1926, y restera jusqu'à sa mort en 1983) fait paraître un article capital pour le devenir de la science économique : « The Law of Return Under Competitive Conditions ». Sraffa, contestant l'analyse de Marshall, fait observer qu'il y a une incompatibilité logique à supposer simultanément l'existence de rendements croissants pour les branches *et* la concurrence entre les firmes. De deux choses l'une : soit les rendements sont bien croissants pour les branches, et dans ce cas, la plus grosse entreprise produisant au moindre coût, un monopole s'installe dans la branche ; soit la concurrence existe, mais en ce cas, il est impossible de supposer des rendements croissants.

Cette critique logique de la dynamique marshallienne — même si elle a été résolue depuis par un recours plus systématique à la notion d'externalités — a suscité comme nous allons le montrer un certain émoi chez les économistes. Deux dogmes, jusqu'ici considérés comme inéluctables pour le bon fonctionnement de la raison économique en équilibre partiel, les hypothèses sur les rendements et la concurrence entre les firmes, sont mis en opposition. En même temps, cette critique suggérait deux voies de recherche parallèles pour les économistes les moins attachés au dogme : d'une part, abandonner la perspective partielle et voir comment les rendements croissants, ou constants, s'intègrent dans une perspective d'*interaction des marchés* (c'est la voie suivie par Sraffa lui-même, sur laquelle est revenue une partie de l'économie moderne avec les théories de la croissance endogène) ; d'autre part, *abandonner l'hypothèse de concurrence et faire l'analyse des situations monopolistiques, ou de concurrence imparfaite*. Cette dernière voie — adoptée en premier lieu par Robinson et Chamberlin respectivement en 1932 et 1933 — s'est avérée, au moins à court terme, la plus attractive.

Elle a conduit ces auteurs à développer des raisonnements originaux. Les décisions économiques — toujours rationnelles et optimisatrices — sont considérées dans un nouveau contexte, où les positions à l'égard du marché et de l'information deviennent déterminantes (position dominante ou non, possibilité de capter une clientèle spécifique, etc.). À cet égard, un type de décideur s'est trouvé considérablement mis en avant pour l'établissement de l'équilibre économique et de sa dynamique, l'entrepreneur, qui en situation monopolistique devient *price maker* (faiseur de prix), tout en conservant son rôle traditionnel de détermination des quantités. La fameuse *main invisible* du marché concurrentiel trouve ainsi sa personnification ; mais, en même temps, elle s'expose à perdre sa propriété la plus connue, selon laquelle l'échange marchand profite à tous.

Évidemment, Keynes n'est pas absent de ces débats (il entretient une correspondance régulière avec Sraffa et Robinson). Nous verrons que ses propres analyses intègrent à bien des égards cette évolution de l'analyse vers un amoindrissement du rôle régulateur des marchés. L'accent mis par Keynes sur le comportement des entrepreneurs, bénéficiant d'une position dominante (on utilise même le terme d'*asymétrie* en leur faveur), sera tout particulièrement développé. Le *principe de demande effective*, par exemple, sera explicitement relié à une analyse de la concurrence imparfaite.

2. Arthur Cecil Pigou : une théorie des encaisses réelles

Si l'on voulait décompter les enfants spirituels de Marshall, J.M. Keynes serait le petit dernier, révolté et quelque peu ingrat ; Pigou serait l'aîné, tout à fait sage et respectueux du père… Dans les écrits de Keynes, l'opposition entre les deux caractères est poussée à l'excès : Pigou est le symbole de l'économie classique, sa personnification la plus révérencieuse ; il représente la « figure orthodoxe », dont il s'agit de démontrer les sophismes et le conformisme. Pigou, de son côté, se prête fraternellement à ce petit jeu.

La théorie monétaire de Marshall et Pigou : macroéconomie et effets d'encaisses réelles

À l'issue de la publication des *Principes* de Marshall, l'auteur lui-même considère que l'essentiel est fait dans la discipline : les grandes questions sont identifiées, les grands résultats sont établis. Le niveau d'activité global de l'économie, notamment, ne peut résulter logiquement que de l'addition des comportements microéconomiques déjà traités (*cf.* la *dynamique des branches*)… Selon Marshall, néanmoins, un point reste à régler, celui de la monnaie et de son intégration dans l'équilibre : c'est d'ailleurs le point d'entrée choisi par les cambridgiens pour traiter spécifiquement de *macroéconomie*. (Il est intéressant de noter que cette conception de *l'économie monétaire* comme synonyme de *macroéconomie* est aujourd'hui encore implicitement admise par le monde anglo-saxon : les classements par thèmes des articles des revues internationales confondent en effet toujours *monetary economics* avec *macroeconomics*).

Pigou reprend la recherche tracée par Marshall (juste avant sa mort) dans *Money, Credit and Commerce*, les aspects monétaires sont donc abordés conjointement avec une interrogation sur l'équilibre macroéconomique. Chez les classiques, la monnaie est un *voile* ; les variations de la quantité de monnaie sont sans effet sur l'activité économique réelle (son niveau et sa structure), et, ne se répercutent que sur le niveau général des prix. C'est la dichotomie réel/monétaire. L'approche habituelle du phénomène se fait par l'équation de Fisher (sur laquelle nous reviendrons), qui permet de comptabiliser les conséquences inflationnistes des variations de la quantité de monnaie mise en circulation. Les cambridgiens adoptent une méthode parallèle ; plutôt que de faire une théorie du *mouvement* (Fisher : pourquoi et comment la monnaie circule ?), les Anglais font une théorie du *repos* (Pourquoi et comment la monnaie est gardée ?) ; c'est ainsi qu'ils mettent au point la *théorie des encaisses réelles.*

Marshall et Pigou étudient les raisons qui poussent les agents à détenir de la monnaie : selon eux, la monnaie, intermédiaire des échanges, est détenue à des fins de transaction. Les agents constituent des encaisses en vue des échanges à réaliser. Précisément, la *théorie des encaisses réelles* postule que les agents cherchent à conserver à leur stock de monnaie un pouvoir d'achat constant. La valeur nominale de la monnaie demandée est donc exactement proportionnelle au montant des transactions ; cette hypothèse prend la forme mathématique suivante :

$$M^d = k\,pT$$

(avec M^d = demande de monnaie, p = niveau général des prix, T = volume des transactions, k = facteur de proportionalité entre les encaisses désirées et le montant des transactions).

En l'état, cette équation est simplement une définition de k, comme simple facteur de proportionalité. Néanmoins, la théorie des encaisses réelles va être utilisée par Pigou pour soutenir une relation *quantitativiste* entre quantité de monnaie mise en circulation et niveau des prix. Le schéma ci-dessous résume les causalités envisagées.

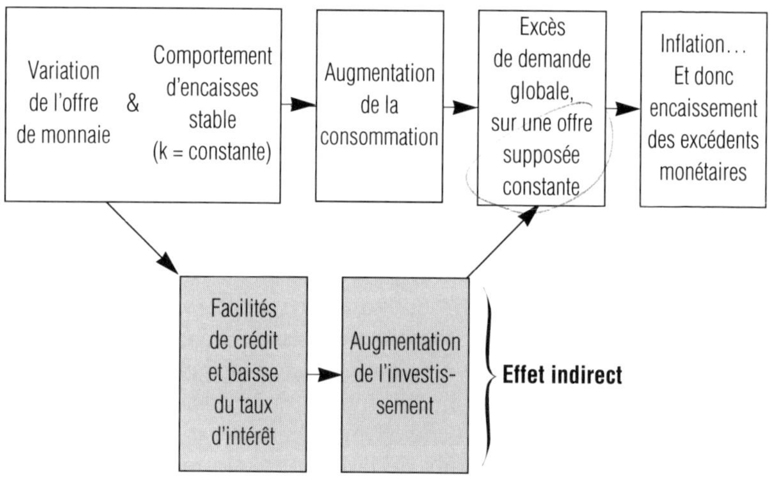

Le graphique rend compte des conséquences d'une *impulsion monétaire*, c'est-à-dire une création de monnaie décidée par l'autorité politique. Dans un premier temps, l'augmentation de l'offre de monnaie se confronte à un *désir d'encaisses stable prédéterminé* (fixée par k). La monnaie supplémentaire, excédentaire, n'est donc pas désirée par les agents qui cherchent à s'en délivrer. Ici, deux scénarios sont possibles, correspondant respectivement aux deux effets — direct et indirect — de l'équation de Cambridge : soit les excédents monétaires sont consommés, soit ils sont placés sur les marchés financiers (la disponibilité nouvelle de capitaux permet alors des crédits à un taux d'intérêt plus faible). Quoi qu'il en soit, la demande globale augmente à court terme via les variations de ses deux composantes C^d (consommation) et/ou I^d (investissement). Ici, Pigou, *supposant une offre globale préalablement fixée*, ne peut envisager qu'une hausse des prix comme type d'ajustement à l'accroissement de demande : rapidement, l'inflation apparaît sous l'effet de l'impulsion monétaire. Cependant, désormais, les choix d'encaisses se modifient ; un désir additionnel d'encaisses est suscité par l'élévation du montant nominal des transactions (hausse des prix) ; comme indiqué à l'issue de la chaîne causale, les excédents initiaux sont finalement intégrés aux encaisses des agents afin de reconstituer leur pouvoir d'achat.

Telle est la position de Pigou en 1927 dans *Industrial Fluctuations*. Pigou suppose qu'à long terme, l'excédent initial d'offre de monnaie est totalement asséché par le comportement d'encaisses réelles face à l'inflation. L'effet d'une politique monétaire expansionniste est donc nul, hormis la variation des prix, puisque les agents ont compensé, par leurs comportements d'encaisses, les variations de l'offre de monnaie. L'opérateur crucial du raisonnement est bien sûr l'hypothèse faite sur la rigidité de l'offre à court terme : nous verrons que cette hypothèse, qu'elle se réfère à la théorie marshallienne de l'offre en courte période (*cf. sur le marché aux poissons*, l'effet en ultracourte période d'un choc de demande), ou qu'elle fasse référence à un postulat sur le plein emploi des facteurs, sera très précisément discutée par Keynes. Dans le *Traité de la monnaie*, il critiquera, puis confirmera cette position. Dans la *Théorie générale*, il la remettra en cause.

La *Théorie du chômage* du professeur Pigou

Pigou ne se limite pas à l'analyse monétaire. En 1933, il propose aussi une *Théorie du chômage*, destinée à réagir à la dépression durable que connaît la Grande-Bretagne depuis le milieu des années vingt. Selon le professeur de Cambridge, et conformément aux résultats de la théorie classique la plus orthodoxe, la raison qui explique que le facteur travail est sous-employé en Grande-Bretagne, c'est son coût ! Les activités revendicatives des syndicats aboutissent à bloquer le salaire à un niveau (trop élevé) décourageant l'embauche des travailleurs. De plus, cette rigidité du salaire empêche une baisse générale des prix (déflation), qui permettrait d'améliorer la compétitivité internationale du pays, et de compenser la surévaluation externe de la Livre (principe des *stabilisateurs automatiques* déjà abordé au chapitre I). Proposition de politique économique : réduire le taux de salaire, afin de rendre rentable l'emploi des chômeurs et la production britannique à l'étranger.

Cette proposition est par ailleurs étayée par l'inévitable *effet d'encaisses réelles*. Selon Pigou en effet, la déflation qui doit suivre la réduction des salaires devrait être accompagnée d'un décaissement massif de monnaie (la baisse des prix renchérit le montant réel des encaisses et pousse à diminuer leur détention). Ce décaissement providentiel viendrait soutenir la demande globale, et compenser l'effet récessif de la baisse du salaire. On voit que Pigou fait jouer aux comportements d'encaisses réelles un rôle compensateur nouveau : *les effets d'encaissement et de décaissement viennent se surajouter aux mécanismes classiques d'autorégulation des marchés et des prix*, pour leur donner plus d'efficacité, mais, aussi, pour atténuer les conséquences sociales négatives des ajustements. Notons ici, qu'à cet *effet Pigou*, dit aussi *d'encaisses réelles*, Keynes oppose un *effet richesse* ou *effet Keynes*, qui vient contrecarrer les thèses du professeur : la déflation, en diminuant la valeur réelle du patrimoine des agents nationaux (s'ils sont débiteurs nets), risque de les conduire à limiter leurs dépenses, aggravant au contraire la récession.

Keynes se montrera très sensible aux thèses développées par Pigou. L'intérêt porté à la relation *prix/activité économique/monnaie* sera manifestement partagé par Keynes ; elle est au centre de son œuvre, et elle est constitutive de la macroéconomie comme discipline autonome. Spécifiquement, les motifs keynésiens de détention de la monnaie (aussi originaux soient-ils) n'auraient jamais vu le jour sans la réflexion préalable de Pigou sur les comportements d'encaisses. On peut dire que Keynes est *mis sur la piste* par les interrogations de son aîné ; bien souvent, cependant, après avoir exploré la piste, il conclut différemment. Pigou de son côté finira par céder aux arguments de Keynes, rendant hommage à l'œuvre keynésienne et déclarant « qu'un chômage massif de court terme est possible, et que la théorie classique ne l'a pas suffisamment pris en considération » (traduction de *A Restrospective View*, publié en 1950).

Section 2. La perspective de l'équilibre général

La perspective de l'équilibre général n'est pas dominante en Grande-Bretagne. Les Anglais, très pragmatiques, préfèrent *pousser au bout* la logique de l'équilibre partiel, obtenant ainsi des résultats notables quant à la compréhension du monde économique. Cependant, les cambridgiens savent bien les insuffisances de la clause *toute chose égale par ailleurs*, destinée à isoler l'étude d'un marché (et d'une branche) de celle des autres. Par exemple, John Hicks (1904-1989), fortement influencé par l'œuvre walrasienne et correspondant régulier de Keynes, commence à faire pénétrer l'approche de l'équilibre général en Grande-Bretagne. Voyons donc les grands principes de cette approche.

1. Léon Walras et l'interdépendance

L'inventeur de l'équilibre général est français (mais il est à l'époque très mal reconnu par les milieux académiques de son pays). Léon Walras (1834-1910) développe en 1874 une perspective qui au contraire de l'approche marshallienne insiste sur l'interdépendance des marchés. L'objectif de ce paragraphe est de résumer la logique de Walras et, plus avant, la logique de l'équilibre général, dans son ensemble. On insistera sur les intuitions (de très bons manuels de microéconomie sont disponibles pour l'analyse formelle) et sur l'intégration de la monnaie. Il s'agira, là encore, de mettre en relief à la fois les résultats mais aussi les apories de l'analyse (ses impasses sur le plan logique), comme piste d'interprétation de l'œuvre keynésienne.

L'équilibre général : une nécessaire cohérence...

Le point d'entrée de l'équilibre général réside dans la considération des interactions entre les marchés. La *situation* sur un marché n'est pas indépendante de la *situation* sur les autres marchés (on utilise délibéremment le terme de *situation* qui est très général : il peut y avoir aussi bien équilibre que déséquilibre). Il y a deux manières de mettre à jour l'interdépendance des marchés. La première manière repose sur les effets de *complémentarité/substituabilité* des biens. Pour les biens *substituables* (lorsque les deux biens se remplacent l'un l'autre dans les goûts des agents, même imparfaitement), le prix d'un bien sur un marché interagit positivement avec la demande de l'autre bien. Par exemple, la situation du marché de l'ananas dépend de celle du marché des bananes. Pour les biens *complémentaires* dans les goûts des agents, la situation sur le marché des pneus dépend de la situation du marché de l'automobile, mais d'une autre façon... La seconde manière de mettre à jour l'interdépendance des marchés est cependant plus fondamentale (surtout pour l'étude de Keynes) : elle passe par l'étude de la *contrainte budgétaire* des agents. Chaque individu ou chaque ménage dispose d'un ensemble de recettes, provenant de la vente de certains biens (force de travail, principalement). Ces recettes sont employées aux dépenses du ménage, c'est-à-dire, à l'achat d'autres biens (biens de consommation et produits d'épargne). L'égalisation de ces deux côtés du compte emplois/ressources des agents nous donne leur *contrainte budgétaire*. L'interdépendance apparaît alors clairement : les achats ou les ventes des biens sont conditionnés *via la contrainte budgétaire du ménage* par les achats ou les ventes concomitants d'autres biens. Par exemple, pour un ménage donné, l'achat de biens de consommation va nécessairement dépendre de deux autres circonstances : d'une part, il dépendra des autres achats éventuels effectués (biens d'équipement, produit d'épargne, etc.) et d'autre part, de la vente d'un bien particulier, le *travail*, considéré comme une ressource budgétaire majeure. L'étude des différents marchés évoqués, marché des biens, des capitaux, et marché du travail ne peut donc être séparée : il faut mener une analyse *générale* de l'équilibre.

Au sein des marginalistes, c'est à Walras que revient le mérite de mettre l'accent sur l'interdépendance des marchés : l'étude de l'équilibre doit se faire, selon lui, en intégrant explicitement les différentes interactions existantes. Sa démarche est bien connue. Pour *n* biens différents, il existe *n* marchés, où s'expriment *n* fonctions de demande et d'offre, déterminées par l'addition des comportements individuels, et dépendant chacune des différents prix des biens (conformément au principe d'interdépendance). La *Demande Nette* (différence entre la demande et l'offre) des *n* biens s'écrit de la manière suivante :

$$E_1(p_1, \ldots, p_k, \ldots, p_n) = D_1(p_1, \ldots, p_k, \ldots, p_n) - O_1(p_1, \ldots, p_k, \ldots, p_n) ;$$

"

$$E_k(p_1, \ldots, p_k, \ldots, p_n) = D_k(p_1, \ldots, p_k, \ldots, p_n) - O_k(p_1, \ldots, p_k, \ldots, p_n) ;$$

"

$$E_n(p_1, \ldots, p_k, \ldots, p_n) = D_n(p_1, \ldots, p_k, \ldots, p_n) - O_n(p_1, \ldots, p_k, \ldots, p_n).$$

Ces *n* valeurs décrivent les situations des différents marchés du système économique. Sur certains marchés (1, 2, ..., g), les Demandes Nettes sont positives, la demande de ces biens est excédentaire. Sur d'autres marchés (g + 1, g + 2, ..., n), les Demandes Nettes sont négatives, l'offre de biens est excédentaire. Cependant, Walras, toujours à la recherche de la cohérence logique de son discours, remarque que ces *situations* ne sont pas parfaitement libres. Reprenant la notion d'interdépendance budgétaire (achat/vente) que nous avons déjà abordée, il note qu'une Demande Nette au moins résulte nécessairement des autres. Pour un individu donné en effet, on peut toujours deviner, à l'observation de sa contrainte budgétaire, son comportement sur un *nième* marché, compte tenu de son comportement sur les *n–1* autres marchés (l'équilibre emplois/ressources permet toujours de découvrir une des données manquantes du compte)... par sommation, au niveau des marchés, on peut donc toujours deviner le solde des transactions sur un *nième* marché, compte tenu des transaction sur les *n–1* autres marchés. *Les situations établies sur n–1 marchés déterminent la situation sur le nième marché.* En particulier, note Walras, *les équilibres sur n – 1 marchés impliquent nécessairement l'équilibre sur le nième marché*. Cet énoncé est appelé *loi de Walras*. Elle résulte de la représentation comptable adoptée (en terme d'égalité entre les emplois et les ressources), et constitue un critère de cohérence logique de cette représentation. Les conséquences de cette relation (*à l'équilibre*, et en termes de *situations*) sont importantes puisque celle-ci permet logiquement d'éliminer de l'étude de l'équilibre économique une des *n* Demandes Nettes, déclarée redondante.

Mais qu'est-ce qu'un équilibre ? Le principe de l'équilibre chez les économistes renvoie à un critère de compatibilité des plans des agents : le fait qu'une fois que les agents ont formulé leur demande et offre individuelles, aucune des transactions proposées ne reste insatisfaite. Un *équilibre walrasien* suppose donc que chaque demande soit couverte par une offre équivalente ; les *Demandes Nettes sont nulles :*

$$E_1(p_1, ..., p_k, ..., p_n) = 0 ;$$

"

$$E_k(p_1, ..., p_k, ..., p_n) = 0 ;$$

"

$$E_n(p_1, ..., p_k, ..., p_n) = 0.$$

Le vecteur de prix noté (p_1^*, p_2^*, ..., p_n^*) qui permet d'aboutir à l'annulation des Demandes Nettes correspond strictement à un *équilibre walrasien*. Conformément à la *loi de Walras*, on n'utilise que *n – 1* équations, la dernière étant parfaitement redondante. Cet état de fait pourrait constituer une grave entrave mathématique à la théorie de l'équilibre général, puisque tout bien considéré, on dispose de seulement *n – 1* équations indépendantes pour déterminer *n* inconnues. Mais pour résoudre notre problème, on va imaginer, avec Walras, qu'un des biens devient unité de valeur des autres biens (on peut mesurer dans l'échange le prix des biens en un des *n* biens particuliers, mettons le mouton : tout se mesure en moutons, une vache vaut deux moutons, un coq vaut 0,2 mouton, etc.). Un des *n* biens devient donc *numéraire*, son prix est 1 (un mouton vaut un mouton)... et il ne reste que *n – 1* rapports d'échange à déterminer avec *n–1* équations indépendantes. Ce qui est possible...

Tels sont les développements de Walras sur l'équilibre général. L'équilibre se définit logiquement par un vecteur de prix qui doit assurer l'apurement des marchés, c'est-à-dire, la couverture de toute proposition de transactions par une offre réciproque. Deux remarques, importantes pour la suite dans la mesure où elle concerne l'intégration de la monnaie, doivent cependant être faites. Les *Éléments d'économie politique pure* de Walras procèdent par petits pas. Ils traitent d'abord d'une *économie d'échange* (pour plus de simplicité, les biens sont supposés ne pas être produits, l'échange se fait par troc), puis d'une *économie de production*, puis d'une *économie de production avec monnaie*. Walras préfère manifestement repousser le délicat problème de la monnaie (qui est lié mais distinct du problème du *numéraire*) à la fin de l'ouvrage. Nous y reviendrons. Par ailleurs, en ce qui concerne le choix du numéraire, celui-ci est déclaré sans conséquences sur la nature de l'équilibre dans la mesure où les agents supposés « rationnels » ne sont pas sensibles aux effets de niveau des prix mais uniquement à l'échelle relative des prix (l'adoption du coq plutôt que du mouton comme numéraire — qui multiplie les prix par cinq — n'est pas censé modifier l'équilibre tant les agents savent compenser les effets purement nominaux). Là encore, nous reviendrons sur ce résultat d'absence de sensibilité nominale des agents, à la base de la dichotomie réel/monétaire que contestera Keynes...

L'équilibre général : de nombreux problèmes

Pour comprendre l'œuvre keynésienne, l'intérêt de l'étude de l'équilibre général chez Walras réside aussi dans ses limites. Trois types de problèmes sont pris en compte : les *problèmes mathématiques purs*, les *problèmes de convergence et d'existence d'un commissaire priseur*, les *problèmes économiques purs*.

Problèmes mathématiques purs. Les problèmes mathématiques purs sont de deux ordres. On doit s'interroger d'abord sur la question de *l'existence de l'équilibre*. Walras postule l'existence d'un équilibre sur la simple concordance du nombre d'équations et du nombre d'inconnues... On sait bien cependant qu'un tel calcul reste insuffisant. Toutefois, on peut faire crédit à Walras de n'avoir fait qu'anticiper un résultat qui viendra ensuite : sous des hypothèses désormais standard (de rationalité des agents, etc.), Arrow et Debreu démontrent en 1954 l'existence de l'équilibre. Le second problème réside dans la question de *l'unicité de l'équilibre*. Elle n'est pas acquise, loin de là. Le système d'équation précédemment développé peut-il admettre plusieurs solutions, correspondant à des niveaux différents de transactions sur les *n* marchés ? L'analyse économique s'est longuement penchée sur cette question : en 1933, le mathématicien allemand A. Wald, démontre l'unicité de l'équilibre sous l'hypothèse restrictive de substituabilité brute des biens (hypothèse selon laquelle l'augmentation du prix d'un bien implique nécessairement l'augmentation de la demande des autres biens : les biens, pris deux à deux, ne sont jamais complémentaires). Mais en 1973, H. Sonnenschein montre que dans le cas le plus général, il est parfaitement impossible d'éliminer la pluralité d'équilibre pour un système walrasien (les fonctions de Demande Nette ne sont pas linéaires et monotones). L'équilibre peut être multiple. Ce qui laisse une large place au hasard, ou *à la volonté*, dans la détermination effective de celui-ci !

Problèmes de convergence et d'existence d'un commissaire priseur. Un autre grand problème en dehors de l'existence de (ou des) l'équilibre(s) est la question du cheminement vers celui-ci. Comment en effet décrire concrètement le processus de révision des prix qui doit conduire à l'apurement des marchés et à la détermination du système de prix adéquat ? La réponse de Walras est la suivante : un commissaire priseur est chargé de modifier les prix en fonction des déséquilibres constatés (augmentation du prix du bien quand le marché présente un excès de demande, baisse du prix dans le cas d'un excès d'offre). C'est le *tâtonnement walrasien*. Cette fiction engendre deux nouvelles questions. La première : dispose-t-on d'un résultat sur la convergence du tâtonnement ? La réponse est non. Un commissaire priseur qui chercherait à équilibrer les marchés en tâtonnant n'est pas du tout assuré de converger vers un vecteur de prix d'équilibre (sauf si l'on a de nouveau recours à l'hypothèse de substituabilité brute : *cf.* Wald, 1933, et Arrow-Hurwicz-Block, 1959.). Il faut dire que le processus est extrêmement complexe dès lors qu'on considère les interactions entre les différents marchés : la modification du prix du bien *x*, destinée à corriger un déséquilibre sur ce marché *x*, provoque en effet en même temps la modification de la situation de l'ensemble des autres marchés... il faut alors réviser les autres prix... avec le même risque de tout remettre en cause ! On touche ici la seconde question portée par l'hypothèse du commissaire priseur : un tel agent existe-t-il ? La réponse est, là encore, bien évidemment non. D'abord, il faut dire que personne n'a jamais rencontré un commissaire priseur se déclarant intéressé par l'équilibre de tous les marchés. Ensuite, le processus exigerait une telle acuité et une telle quantité d'informations, qu'on peut difficilement imaginer une quelconque personne, ou institution concrète, jouant ce rôle. De fait, l'hypothèse de commissaire priseur s'avère incompatible avec le type d'économie dont Walras prétend analyser le fonctionnement : une économie de marché, *décentralisée*, c'est-à-dire, où chaque agent peut échanger spontanément et librement avec son voisin, sans passer par un *centre* de coordination.

Il faut donc admettre que l'économie décentralisée présente des déviations par rapport à l'équilibre walrasien. Un certain nombre de prix sont fixés en fonction de critères stratégiques ou historiques, par des agents disposant d'une information imparfaite. Surtout, les *intentions* concrètes qui accompagnent la détermination d'un prix sont en général totalement indépendantes de l'objectif d'apurement du marché. Dès lors que l'information et la concurence sont imparfaites, le prix concret admet de multiples dimensions : prix d'appel, prix limite, prix discriminant, etc. Les transactions se font donc avec des *faux prix*, qui peuvent aboutir à des *équilibres non walrasiens*. L'étude de ce type d'équilibres *non walrasiens* revient à la théorie dite du *déséquilibre* (l'expression est trompeuse : l'équilibre comptable est respecté). Ses principes sont les suivants : faute de l'annulation simultanée de toutes les Demandes Nettes de Walras, certains agents sont rationnés : ils ne trouvent pas de contrepartie... ce qui les amène à reporter ce rationnement sur d'autres marchés (où de nouvelles tensions apparaissent) ; en l'absence d'un commissaire priseur pour régler précisément le système de prix, des situations généralisées de *déséquilibre* peuvent donc survenir et perdurer. Nous verrons qu'une telle approche n'est pas sans pertinence pour une interprétation *walrasienne non-walrasienne* de la pensée keynésienne (ce jargon est nécessaire ici dans la mesure où l'expression est très explicite : *walrasienne* par l'approche en terme d'interaction des marchés, *non-walrasienne* par le fait que les prix des transactions sont différents de l'équilibre théorique de Walras).

Problèmes économiques purs. Le troisième point à développer sur les problèmes de cohérence de l'équilibre walrasien concerne le statut des firmes et des entrepreneurs : c'est ce que nous avons choisi de qualifier de problèmes économiques purs. On retrouve en fait ici l'interrogation sur *l'organisation de la production à l'intérieur des branches*, telle qu'elle a été abordée plus haut avec Marshall et la question des rendements. Walras en 1874 propose de simplement supposer que la production est, réalisée à coût constant (les fonctions de production et de coûts forment un système linéaire). Mais cette hypothèse écarte d'emblée la possibilité de mener une analyse fine de l'organisation des firmes : si le produit est toujours réalisé au même coût quelle que soit l'échelle de la production, il peut être indifféremment réalisé par une grande firme recouvrant toute la branche, ou bien, par une infinité de (mini)firmes, produisant chacune une partie infinitésimale du produit de la branche. Toute organisation intermédiaire est par ailleurs possible. La taille de la firme walrasienne est donc parfaitement indéterminée !

Cette remarque entraîne aussi une interrogation sur le statut de l'entrepreneur : quel est le *sens* d'un chef d'entreprise, et son rôle dès lors que le statut de la firme elle-même, son existence, ses objectifs restent indéterminés ? Walras est sans réponse à cette question. Il sent bien cependant que l'abandon de l'hypothèse de rendement constant lui permettrait en partie d'y répondre : l'apparition d'un surprofit, d'une rente différencielle, dès lors qu'on suppose des rendements différenciés, donnerait une raison d'être (et un revenu ?) aux entrepreneurs, qui seraient alors chargés d'organiser au mieux la production afin d'extraire et d'exploiter la rente. Mais, là encore, Walras bloque sur des impératifs de cohérence : à qui redistribuer le surprofit ? Comment envisager des taux de profit distincts à l'équilibre ? Doivent-ils perdurer ?... Les questions demeurent ! Malheureusement, l'absence d'une dimension temporelle dans la théorie de l'équilibre général interdira à Walras une quelconque avancée théorique dans ce domaine.

2. Irving Fisher et le temps et la monnaie dans l'équilibre général

Le temps et la monnaie sont les deux grands éléments à intégrer dans l'équilibre général, on s'en rend compte ! Plusieurs tentatives ont été faites... Une des plus intéressantes est sans aucun doute celle d'Irving Fisher (1867-1947). Cet économiste américain est contemporain de Keynes, il est d'ailleurs souvent utilisé comme interlocuteur théorique dans les publications de celui-ci. Après une thèse en 1892 consacrée à l'équilibre général, Irving Fisher consacre ses analyses à la monnaie et au capital.

La monnaie dans l'équilibre général

Voyons d'abord où en est resté Walras sur la question de la monnaie. On l'a déjà fait remarquer, Walras relègue la monnaie à la fin des *Éléments d'économie politique purs*. Elle est présentée comme un additif à l'étude des capitaux ou des services producteurs. Le service rendu par la monnaie selon Walras est un service d'avance (comme tous les biens capitaux, d'ailleurs) : elle permet aux producteurs de payer les facteurs de production *avant* la réalisation, et la vente, concrète du produit. L'ajout du bien monnaie dans l'équilibre général est donc relié explicitement à un écart temporel : la monnaie permet théoriquement de *faire le pont* dans le laps de temps qu'exige l'apurement des marchés. Chez Walras, donc, la monnaie a à voir avec *l'en dehors de l'équilibre*. Nous retrouverons ce raisonnement avec, notamment, l'interprétation par Clower de la théorie keynésienne.

À l'équilibre statique, néanmoins, la monnaie s'efface et les biens s'échangent contre les biens. Walras suppose en effet que la monnaie n'est pas demandée pour elle-même, la demande de monnaie n'admet que le motif de transaction : *à l'équilibre*, donc, elle ne peut être que *la réciproque des échanges réels*, eux-mêmes prédéterminés par un système de prix relatifs. La « neutralité de la monnaie » se voit donc assurée par l'hypothèse *a priori* que la monnaie n'est pas utile en soit (elle ne rentre pas comme argument dans la fonction d'utilité) : les transactions sur la monnaie sont alors nécessairement soldées (nulles) à l'équilibre, puisque les agents n'accordent aucune valeur d'utilité à un stock final de monnaie. Mathématiquement, l'introduction de la monnaie se traduit par l'ajout d'un bien supplémentaire et d'une nouvelle équation d'équilibre :

$$E_{«\,n\,+\,1\,»}(p_1, \ldots, p_k, \ldots, p_n) = 0.$$

Cette fois, on dénombre *n* inconnues avec *n*(+ 1 – 1) équations indépendantes (l'introduction de la monnaie ajoute une équation, la loi de Walras en élimine une) …*n* équations, *n* inconnues, l'ajout d'un secteur monétaire explicite permet donc de déterminer, pour un stock de monnaie donné, *l'ensemble des n prix absolus du système* (le *n* + 1ième prix, le prix de la monnaie est *1*). C'est cependant à Fisher que reviendra le mérite de spécifier une forme plus précise de cette fonction de Demande Nette ; ses analyses sont développées dans *The Purchasing Power of Money*.

Fisher, à l'encontre d'une idée reçue, ne se contente pas de reformuler la dichotomie réel/monétaire des classiques en sa fameuse équation des échanges. Bien au contraire, sa théorie résulte d'une étude soigneuse du marché de la monnaie, c'est-à-dire, du *lieu* de confrontation entre une demande et une offre de moyen de paiement. La *théorie quantitative de la monnaie* est une conclusion de cette étude (et non la simple transposition mathématique d'un dogme), cette conclusion est par ailleurs très largement étayée par les études statistiques entreprises par l'auteur. Fisher reprend le motif classique de détention de la monnaie : le montant des transactions détermine à un facteur près la demande de monnaie. On a :

$$M^d = \frac{1}{v}\sum_{i=1}^{n} p_i Q_i$$

Le demande de monnaie est bien proportionnelle au montant des transactions (la somme des pi Qi…), mais elle est aussi affectée par la *vitesse de circulation de la monnaie* v, qui correspond au nombre de fois où les moyens de paiements peuvent être réutilisés dans l'échange. Si la monnaie (mettons un billet) passe de main en main 5 fois, très logiquement, pour réaliser leurs échanges, les agents n'auront besoin que du cinquième du montant total des transactions comme moyens de paiement circulant. Par ailleurs, cette demande de monnaie est comparée à une offre de monnaie (M^s) supposée exogène. On a donc, à l'équilibre du marché, la Demande Nette « walrasienne » suivante :

$$E_{«\,n+1\,»}(p_1, \ldots, p_k, \ldots, p_n) = \frac{1}{v}\sum_{i=1}^{n} p_i\, Q_i - M^s = 0.$$

En décomposant l'agrégat du montant des transactions en un indice des prix des transactions p, et un indice du volume des transactions T, on obtient la très classique équation des échanges de Fisher :

$$pT = v\, M^s.$$

L'équation des échanges de Fisher est donc ici présentée comme la $n+1$ième équation d'équilibre du système walrasien : l'équation d'équilibre du marché de la monnaie. Notons qu'en invoquant la loi de Walras, cette équation peut être aussi dérivée de l'équilibre des *n* autres marchés (elle est souvent considérée alors alors comme la $n+1$ième équation à éliminer pour cause de liaison dans le système). En dehors de l'apurement des marchés, néanmoins, l'équation de Fisher reste vraie : elle est considérée comme une simple égalité emplois-ressources, résultant de la balance comptable de tous les agents de l'économie (y compris, l'agent banque-centrale qui offre la monnaie). Dans ce cas, l'équation devient une simple manière de calculer v comme le rapport entre le montant des transactions et la masse monétaire définie conventionnellement.

L'équation des échanges est donc toujours vraie. Pour Fisher, il ne s'agit plus de la justifier, mais d'en tirer une expertise économique (ici, on simplifiera considérablement le raisonnement, par rapport à l'analyse de Fisher, en ne décomposant pas le côté vM^s, en $v'M^{s'} + v'' M^{s''}$, monnaie fiducière + monnaie scripturale). Voici comment procède l'Américain. À long terme, la valeur T étant considérée comme fixée de manière exogène par les ressources initiales ; à long terme, la valeur v étant considérée comme déterminée par les conditions institutionnelles du système bancaire ; *les variations de l'offre de monnaie ne sont susceptibles de se répercuter, à long terme, que sur le niveau général des prix.* Dans l'équation, la seule variable susceptible de réagir à une variation de M^s, c'est p, et uniquement p ; par élimination ! La condition nécessaire de cette démonstration est bien évidemment la fixité de la vitesse de circulation de la monnaie v. À cet égard, Fisher entreprend d'étudier très précisément les usages et habitudes des systèmes bancaires, concluant sur une relative stabilité de ceux-ci dans leur aptitude à retraiter les dépôts monétaires (c'est-à-dire à les remettre en circulation avec une vitesse v constante). Malgré des analyses nombreuses des effets transitoires durant lesquels v et T se modifient, Fisher finit donc par adhérer à une *loi quantitative souple* qui veut que le taux d'inflation se règle *à long terme* sur le taux de croissance de l'émission monétaire. Le terme *souple* traduit ici une modération dans la théorie : la loi *rigide* postulerait la relation sans même la discuter, et considérerait l'effet inflationniste comme immédiat. Nous verrons que Keynes reprendra l'interrogation de Fisher. Précisément, il s'interrogera sur la sensibilité de v au taux d'intérêt.

Le temps dans l'équilibre général : le marché des fonds prêtables

Autre apport déterminant de Fisher à l'analyse économique, le « temps ». Faut-il néanmoins distinguer ce second apport du premier ? La question de la monnaie est déjà très nettement reliée à celle du temps (d'apurement des marchés). Nous avons voulu néanmoins faire une place particulière à une innovation de Fisher, concernant les choix inter-périodes (c'est-à-dire plus longs que le temps du tâtonnement). Sans les théories des marchés de capitaux et du taux d'intérêt de Fisher, les interrogations de Keynes sont en effet difficilement compréhensibles.

En 1930, Fisher fait paraître *The Theory of Interest*, mais ses analyses sont déjà exposées dans *The Rate of Interest* de 1906. Son objectif est d'étendre l'étude de l'équilibre général aux *choix intertemporels*. Contrairement à Walras qui, pour ce faire, tente de conserver la structure parfaitement désagrégée du modèle (en *n* biens et *x* agents), Fisher, conscient de la complexité des effets à étudier, choisit de simplifier : il procède comme s'il existait un bien unique destiné à être produit, consommé, épargné et investi. En quelque sorte, il utilise le concept de *bien agrégé* de la macroéconomie moderne (le revenu national Y est une somme pondérée des *n* biens, utiles aussi bien pour la consommation que pour l'investissement) ; les choix individuels restent néanmoins à la base des mécanismes. Concernant l'allocation intertemporelle du bien unique, un *lieu* particulier est mis en exergue : le marché des capitaux ou le marché des fonds prêtables. Sur ce marché, Fisher distingue analytiquement deux types de choix, les choix d'épargne affectés par les goûts, et les choix d'investissement gouvernés par les technologies :

– les choix d'épargne, ou d'offre de biens capitaux, relèvent du comportement des agents privés qui établissent, librement, un plan de consommation intertemporelle (sur leur durée de vie) : l'épargne est, dans cet esprit, le moyen de transférer un revenu présent en une consommation future. Argument du choix : les agents comparent leur préférence pour la consommation présente (supposée comme une donnée psychologique) avec le rendement de leur épargne, le taux d'intérêt réel. L'offre de biens capitaux sera une fonction croissante du taux d'intérêt réel : plus le rendement de l'épargne est élevé, plus les agents sont incités à épargner, une bonne rémunération de l'épargne tendant à compenser leur préférence pour le présent ;

– de l'autre côté, l'investissement, ou la demande de biens capitaux, procède d'un choix d'allocation intertemporelle de la production : investir, c'est produire moins aujourd'hui, pour produire plus demain. L'efficacité technologique des biens capitaux est évidemment déterminante dans cette allocation. Précisément, les termes de l'arbitrage selon Fisher sont réglés par une comparaison entre *l'opportunité d'investir* qui mesure la productivité physique du capital (aisément mesurable puisqu'il n'existe qu'un seul bien à la fois *input* et *output*), et le coût unitaire de l'investissement, à savoir, le taux d'intérêt réel. La demande de capitaux est une fonction décroissante du taux d'intérêt réel (qui traduit le coût de mobilisation des capitaux investis) : une augmentation du taux d'intérêt aura pour effet d'éliminer les projets d'investissement dont la rentabilité interne est inférieure.

Très classiquement, dans les deux cas, les agents ne sont sensibles qu'au taux d'intérêt *réel*. Indemnes *d'illusion monétaire*, ils sont supposés savoir décompter la hausse des prix du taux d'intérêt nominal (on aura pour des taux faibles : taux d'intérêt réel ≈ taux d'intérêt nominal – taux d'inflation). Comme la figure suivante l'indique, une détermination adaptée du taux d'intérêt réel (telle que r = r*) va alors permettre d'équilibrer l'offre et la demande sur le marché des capitaux. Fondamentalement, pour une collectivité donnée, *impatience à consommer* et *opportunité d'investir* se confrontent sur ce marché ; *le taux d'intérêt est identifié comme la variable clé, chargée de résoudre cette délicate confrontation.*

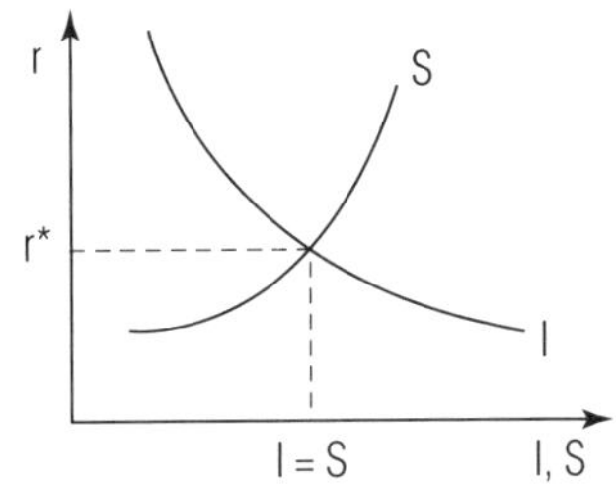

L'analyse de Fisher s'intègre donc clairement dans l'équilibre général walrasien : épargne et investissement, traités comme des concepts macroéconomiques, sont analysés dans le cadre d'un marché particulier mais interdépendant (bien que notre illustration isole, pour des raisons pédagogiques, le marché des capitaux des autres marchés). De même que chez Walras encore, le message est globalement rassurant : l'ajustement des prix, leur parfaite flexibilité, permet la compatibilité des plans des agents. Cependant, avec Fisher, l'équilibre est désormais *intertemporel*, en cela qu'il comporte plusieurs périodes successives, où, pour chacune d'entre elles, l'apurement intervient. C'est la première formulation d'un équilibre général *temporaire* (à chaque instant t), dont le ressort principal est l'ajustement du marché des capitaux et la flexibilité du taux d'intérêt. Cette analyse du temps dans l'équilibre constituera un point de départ critique pour l'apport keynésien. Keynes s'inspirera des analyses de Fisher ; pour illustration, le concept *d'opportunité de l'investissement* est très proche du concept *d'efficacité marginale du capital*, proximité qu'admettra Keynes lui-même. Parfois aussi, Keynes contestera les thèses de Fisher : il doutera notamment de l'aptitude réelle du taux d'intérêt à équilibrer à lui seul l'ensemble des décisions concernant le futur… Futur qui, dans l'esprit de Keynes, est de nature trop complexe pour être aussi facilement réduit à la notion de périodes successives (t + 1, t + 2, …).

Conclusion du chapitre

Le milieu intellectuel qui vient d'être dépeint, constitue la *culture* des économistes pour cette période historique, et la *culture* de Keynes. Malgré un apparent détachement lié à son choix de carrière original, Keynes reste en effet, de par sa naissance, de par ses amis, et de par ses activités, un des membres éminent de la communauté des économistes : il connaît les débats et il y participe (sa correspondance en témoigne). À cet égard, les années 1930 sont une période charnière pour la pensée économique : la méthode se standardise, les premiers grands résultats théoriques sont établis ou en voie de l'être (mais, de toute façon, l'intuition existe). La recherche s'oriente vers les extensions possibles du raisonnement économique, et, sur une évaluation de ses conditions de validité, internes et externes. Les questions de la monnaie et du temps apparaissent cruciales pour les deux approches, partielle et générale. Le tableau suivant récapitule les avantages et inconvénients des deux analyses :

	Avantages	**Inconvénients**
Approche marshallienne	Description d'une dynamique d'ajustements (les périodes)	Les interactions entre les marchés ne sont pas perçues
Approche walrasienne	Tentative d'analyse des interactions (l'interdépendance)	Pas de description convaincante de la dynamique (commissaire priseur)

Ce petit tableau permet précisément de faire l'état des interrogations des économistes dans les années trente. Dans une certaine mesure, on peut dire aussi qu'il nous aide à comprendre une partie des propositions de Keynes. De l'approche walrasienne, Keynes reprendra (avec d'autres) l'idée que les situations de marché doivent s'analyser en interdépendance. Notamment, la situation sur le marché des biens et services doit être considérée en relation avec les situations des marchés de la monnaie et des titres. Hicks, qui est le propagateur de l'œuvre de Walras en Grande-Bretagne, insistera très nettement sur cet aspect de l'apport keynésien : le modèle IS-LM (inventé par Hicks en 1937) témoigne avec force de cet accent porté à l'interdépendance des marchés. Mais Keynes n'abandonnera pas pour autant son ascendance marshallienne. Pour ce que l'équilibre général admet de plus faible, c'est-à-dire son hypothèse du commissaire priseur, assurant la convergence des prix vers le vecteur d'équilibre, Keynes sollicitera la tradition cambridgienne. Si l'on ne veut pas neutraliser la dynamique de l'équilibre par une *fiction*, il faut en effet envisager un principe concret de fixation des prix ; ce principe quel qu'il soit *prend du temps* ; il réintroduit la nécessité d'une description précise de la dynamique des branches.

Les prix ne sont donc pas déterminés *a priori* par la fiction que constitue le commissaire priseur. Les prix peuvent être *faux*, c'est-à-dire déterminés d'une autre manière que par l'annulation simultanée de toutes les demandes nettes. Au-delà des jeux d'influence théorique, l'abandon de l'hypothèse de commissaire priseur pose une série de problèmes qui sont, de fait, typiques de l'œuvre keynésienne. Les chapitres suivants détailleront l'*incertitude* et la *monnaie* comme sujets principaux de l'attention de Keynes. Faisons pour l'instant apparaître simplement la cohérence de ces deux sujets avec l'existence de faux prix. La possibilité de transaction à des faux prix introduit d'abord évidemment l'incertitude. Faute d'apurement des marchés, un certain nombre d'opérations prévues dans les programmes des agents ne seront pas réalisées (certaines demandes ou offres ne trouvent pas de contreparties) ; pire, comme nous l'avons vu, un rationnements sur un marché peut se reporter sur d'autres, entraînant de ce fait une cascade de rationnements. Autant la certitude (ou les anticipations parfaites) est cohérente avec un fonctionnement walrasien des marchés, autant l'incertitude est elle aussi cohérente avec l'absence d'apurement systématique des marchés.

Enfin, si l'on accepte des transactions en dehors de l'équilibre, la monnaie retrouve un statut que lui avait récusé les théories classiques et néoclassiques. La monnaie joue en effet un rôle nouveau (d'ajustement), comme solde des rationnements effectivement vécus par les agents. Pour s'en persuader, il suffit d'observer les comptes emplois/ressources des agents individuels à l'équilibre, et en déséquilibre, tels que décrits dans le tableau page suivante.

Pour une économie de troc ou *à l'équilibre*		**Pour une économie *en déséquilibre* (faux prix)**	
Emplois	Ressources	Emplois	Ressources
Tous les achats *réels* (Les achats souhaités sont réalisés) **Solde : 0**	Toutes les ventes *réelles* (Les ventes souhaitées sont réalisées)	Tous les achats *effectifs* (Mais les achats prévus sont-ils réalisés ?) **Solde : ? ≠ 0** **→ Monnaie !**	Toutes les ventes *effectives* (Mais les ventes prévues sont-elles réalisées ?)

Dans le premier type de comptes, toutes les ventes *prévues* couvrent les achats *prévus*. La monnaie n'étant pas demandée pour elle-même (mais utilisée à seule fin d'intermédiaire de l'échange), le solde final sur la monnaie est nul. La neutralité de la monnaie est donc *à l'équilibre* nécessairement respectée. À l'inverse, dans les comptes de droite, les transactions à des faux prix font que certaines dépenses ou recettes ne sont pas réalisées. La variable qui solde les déséquilibres, *c'est la monnaie*. L'existence de transactions en dehors de l'équilibre implique alors, d'une période d'apurement à l'autre, des soldes monétaires non nécessairement nuls pour les agents !

La monnaie se voit donc réintroduite — par un auteur comme Clower, par exemple — comme un principe d'ajustement des transactions non apurées ; elle constitue le *pendant* des déséquilibres sur les marchés réels. Première remarque : on retrouve ici une intuition de Walras qui présente la monnaie comme ayant à voir avec *l'en dehors de l'équilibre*. Mais, on l'a vu, Walras neutralise aussitôt ses interrogations sur la monnaie puisqu'il se refuse à envisager les transactions à des faux prix (le commissaire priseur est là, et veille à la *vérité des prix*). Keynes, au contraire, proposera une théorie alternative de la détermination des prix : concrètement, les entrepreneurs se substituent au commissaire priseur et fixent unilatéralement le prix de vente de leur production ; désormais, la *vérité des prix* n'est plus du tout assurée.

Deuxième remarque : monnaie et incertitude, présentées séparément, apparaissent en fait intrinsèquement liées. C'est le risque de non-effectivité des transactions *prévues* qui introduit à la fois l'incertitude et la monnaie. Ces deux notions s'interpénètrent tout au long de l'œuvre keynésienne, sans toutefois que leur rapport soit clairement établi : est-ce la monnaie, sans valeur intrinsèque, qui cause l'incertitude ? Ou bien, l'incertitude qui se résout, se cristallise, dans la monnaie, elle-même valeur refuge des transactions insoldées ? Sans doute les deux ; mais, avec une cause commune, à savoir les défaillances de marché. En tout cas, le rapport étroit qu'entretiennent les deux notions met l'accent sur la caractéristique de la monnaie qui la relie le plus directement à l'incertitude : sa caractéristique de *liquidité*.

Chapitre 3

— Keynes avant la *Théorie générale* —

L'ouvrage majeur de Keynes, c'est la *Théorie générale de l'emploi, de l'intérêt et de la monnaie.* Publiée en 1936, la *Théorie générale* reste l'œuvre la plus féconde, celle qui lance pour plus d'un demi-siècle la pensée keynésienne comme un courant autonome de l'analyse économique. Mais avant 1936, Keynes écrit et publie de nombreux autres livres, articles, pamphlets. Nous avons sélectionné ici deux grandes contributions importantes de Keynes : son *Traité de la monnaie* et son *Traité des probabilités.*

Le compte-rendu des deux *Traités* se fait rarement, surtout dans un livre destiné à un public d'étudiants. Il faut dire que les deux ouvrages sont peu aisés d'accès. Destinés à un lectorat universitaire, ils sont rédigés sans concession. En outre, de l'aveu même de Keynes, ses premières productions théoriques souffrent de « défauts de construction », ce qui évidemment n'arrange rien. Ils éclairent cependant très largement le reste de l'œuvre de Keynes, tant par les sujets abordés ou les concepts utilisés que par leurs défauts. Rompant l'ordre chronologique, nous avons choisi de commencer par le *Traité de la monnaie.*

Section 1. Le *Traité de la monnaie*

Écrit à la fin des années vingt et paru en 1930, le *Traité de la monnaie* se présente comme un ouvrage de « théorie monétaire », d'après l'expression même de l'auteur. Keynes veut par là distinguer le *Traité* de ses nombreuses autres publications des années vingt : souvent plus polémiques, et en tout cas moins méditées (voir le chapitre I de cet ouvrage). Le *Traité de la monnaie*, en effet, est un travail de longue haleine : la conception et la rédaction du *Traité* occuperont Keynes de 1924 à 1929 ; en fait, l'écriture du *Traité* tiendra Keynes de la publication de son *Essai sur la réforme monétaire*, au commencement de rédaction de la *Théorie générale*. Ces années de gestation sont pour Keynes le moment de grandes angoisses théoriques. Le message général du *Traité* a sans doute quelque peu pâti de cette instabilité intellectuelle. Laissons Keynes commenter son travail : « Esthétiquement, ce livre est un échec. J'ai trop modifié ma pensée durant son élaboration pour qu'il admette une véritable unité. » (C.W., vol XIII, p. 176).

Donc, compte tenu de ce propos, plutôt que de présenter l'ensemble des articulations de l'ouvrage, ses méandres, ses impasses, nous avons choisi de privilégier un élément du *Traité* : la macroéconomie et l'analyse des perturbations cycliques de l'équilibre global. En d'autres termes, il ne s'agit pas d'une analyse autonome, mais d'un retour, forcément fragmentaire et finaliste, sur les apports du *Traité* en ce qui concerne la *Théorie générale*. Un tel biais d'observation, délibéré ou non, est de toute façon propre à toute approche rétrospective ; ici, il est conscient et volontaire, c'est préférable.

1. L'analyse des fluctuations

La macroéconomie du *Traité* se consacre à l'analyse des perturbations cycliques d'une économie et leur lien avec la monnaie : perturbations cycliques sur le niveau général des prix, et sur le niveau d'activité. L'équation de Cambridge forme le point de départ de l'interrogation de Keynes : très exactement, c'est l'effet indirect du *schéma quantitativiste cambridgien* qui préoccupe l'économiste :

Point de départ : le paradoxe de « l'effet indirect »

Comme on l'a déjà vu avec Pigou (il est fortement conseillé de consulter les pages 29 à 31 du chapitre 2), la relation *quantitativiste* entre masse monétaire et prix passe par deux opérateurs clés : *la théorie des encaisses réelles*, qui assure la mise en circulation puis l'assèchement des excédents monétaires, et *l'hypothèse sur la fixité de l'offre globale de biens*, qui permet de montrer l'effet inflationniste de l'accroissement de demande. Dans le *Traité de la monnaie*, Keynes remet en cause (puis finit par accepter !) ces deux opérateurs.

Concernant *la théorie des encaisses réelles*, la question est abordée, et renouvelée, par Keynes grâce à une distinction entre deux formes d'encaisses, ou plutôt, deux formes de dépôts bancaires : les *dépôts de liquidité (cash deposits)*, constitués pour le motif de transaction des agents, et les *dépôts d'épargne (saving deposit)*, réalisés pour transférer du pouvoir d'achat du présent vers le futur. Il y aurait donc deux formes de détention de la monnaie, correspondant à deux *motifs* de demande de monnaie. On reconnaît là la distinction qu'opérera plus tard notre auteur, entre monnaie pour motif de transaction et monnaie pour motif de spéculation. Cependant, c'est seulement dans la *Théorie générale* que prendra forme une contestation véritable de la stabilité de la demande de monnaie, changeante selon le type de dépôts ; dans le *Traité de la monnaie*, la distinction reste inutile puisque Keynes finit par adhérer à une constance de la détention de monnaie réelle et ce, quelle que soit la forme du dépôt (il y a deux *k* au sens défini par Pigou, celui des *cash deposit* et celui des *saving deposit*, mais aucun des deux ne varie à long terme).

En ce qui concerne la fixité de l'offre globale de biens, Keynes exhibe un paradoxe portant sur l'effet indirect du schéma quantitativiste cambridgien (de nouveau, il faut revenir à la page 30 du chapitre 2). Il se pose la question suivante : comment tenir simultanément l'hypothèse de fixité de l'offre et l'existence d'une variation de l'investissement associé à l'effet indirect ? *L'un et l'autre sont logiquement incompatibles* : l'investissement entraîne une modification des capacités de production ; ce qui ne peut manquer de modifier à terme l'offre totale de l'économie ! Cette apparente incohérence logique, Keynes la relève, la discute ...mais, finit même par l'assumer ! Dans le *Traité*, en effet, Keynes reste quantitativiste : comme d'autres (Fisher, Pigou), confronté à l'effet indirect et ses incohérences, il préfère trouver une manière de lever le paradoxe, plutôt que de renier la loi quantitative. C'est d'une certaine manière l'objet principal du *Traité de la monnaie*. Voyons donc la méthode keynésienne.

Le cycle du crédit

L'effet indirect a pour conséquence de créer un *cycle* lié aux variations de l'investissement privé. La position orthodoxe — adoptée par Keynes — revient néanmoins à montrer en quoi la hausse de la production est *provisoire*, en quoi un retournement (inéluctable !) du cycle ramènera au niveau d'activité antérieur à la stimulation monétaire. Le graphique suivant indique les points essentiels du raisonnement de Keynes. On distingue deux temps (*cf.* figure page suivante).

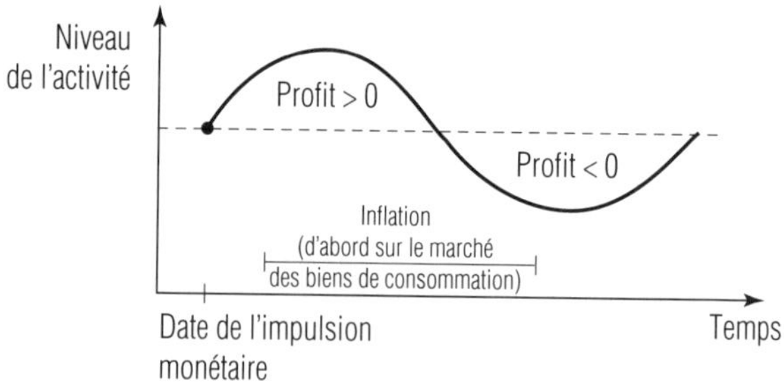

Première phase : la phase ascendante et les profits des entrepreneurs

La phase ascendante du cycle intervient immédiatement après la création monétaire. Conformément à l'effet indirect, elle correspond à une modification à la baisse du taux d'intérêt pratiqué par les banques. Les conditions d'octroi du crédit bancaire passent en dessous du rendement interne du capital, ce qui entraîne une amélioration des *perspectives* de profit des entrepreneurs. L'investissement est stimulé, c'est le début du cycle.

Ici, Keynes reprend un raisonnement de Wicksell (que nous étudierons ultérieurement) : le décalage entre taux d'intérêt bancaire et rendement interne des projets d'investissement provoque le cycle. Néanmoins, Keynes ajoute, ou insiste, sur un opérateur spécifique : les *profits des entrepreneurs*. C'est la marge de profit, permise par le décalage des taux, qui insuffle à l'économie sa dynamique propre.

Deuxième phase : le retour à l'état initial et l'inflation par insuffisance de biens de consommation

L'augmentation de l'investissement détourne l'allocation des facteurs, des secteurs producteurs de biens de consommation, vers les secteurs producteurs de biens capitaux. Mais, dès lors, *à emploi constant des facteurs*, il apparaît une rareté relative de biens de consommation, aussitôt signalée par une hausse des prix sur ce marché. Selon Keynes, donc, le cycle du crédit engendre d'abord une inflation sur le marché des biens de consommation, qui peu à peu se répercute dans l'ensemble de l'économie. De proche en proche, l'augmentation des coûts salariaux (liée à des revendications d'indexation) oblige les entrepreneurs à réviser à la baisse leurs perspectives de profit… Et, le cycle se termine par là où il avait commencé : les occasions de profit disparaissent, en même temps que les projets d'investissement.

Dans cette deuxième phase du cycle, Keynes est cette fois très *hayékien* : le cycle économique se traduit avant tout par un désajustement de la structure productive (entre biens de consommation et biens de production), qui correspond d'ailleurs aussi à un désajustement Investissement-Épargne ; nous reverrons ce raisonnement chez Hayek. Notons simplement, pour l'instant, l'importance de l'hypothèse *d'emploi constant des facteurs*, qui permet de marquer une rivalité entre les deux grands secteurs dans l'obtention des facteurs, et finalement, la nécessité de l'inflation et du retournement du cycle.

Le cycle du crédit, même s'il existe, est donc voué à l'inflation. L'impulsion monétaire, même si elle crée à court terme une réelle dynamique, reste fondamentalement inutile. Telle est la position de Keynes. Voyons comment notre auteur soutient ce raisonnement à l'aide de l'outil mathématique.

2. La mathématique du *Traité de la monnaie*

Ce détour par la formalisation mathématique, auquel Keynes procède lui même, est destiné à éclairer à la fois le raisonnement inclus dans le *Traité*, mais aussi et surtout, le cheminement intellectuel de Keynes vers la *Théorie générale*. C'est en effet à partir d'une erreur révélée par son modèle comptable que Keynes ressent le besoin de forger de nouveaux concepts, utilisés ultérieurement. Pour plus de clarté, la notation adoptée ici reprend les usages standards contemporains plutôt que ceux employés par Keynes. Pour les mêmes raisons, nous avons adopté une présentation simplifiée du modèle contenu dans le *Traité*.

Définitions, équations comptables, équation fondamentale

– L'indice du niveau général des prix P et celui de la production totale Q s'écrivent comme suit :

$$P.Q = P_c.Q_c + P_i.Q_i$$

La valeur de la production agrégée P.Q procède de deux secteurs : un secteur de biens de consommation, et un secteur de biens d'investissement. En notant I, la valeur de l'investissement, on a encore :

$$P.Q = P_c.Q_c + I \qquad (1)$$

La notation de PI.QI en une *valeur de l'investissement* I cache en réalité l'intermédiation d'un *pôle financier*, qui transforme le besoin de financement des entreprises — lié à l'achat de biens d'investissement — en des titres de placement (pour plus de simplicité, nous négligeons ici cette intermédiation dont la prise en compte ne modifierait pas le raisonnement).

– L'équilibre emplois-ressources des entreprises s'écrit de la manière suivante :

$$R + \Pi = P.Q \qquad (2)$$

Pour Keynes, les ressources des entreprises (les ventes P.Q) vont se décomposer en un *revenu normal* R, et un *(sur)profit exceptionnel* Π, de type marshallien (voir pages 22 à 25 du chapitre 2). Le terme *normal* indique que le revenu R, rémunération des facteurs, est défini en dehors de ses variations concrètes à court terme : il s'agit d'un objet théorique, valable en longue période.

– L'équilibre emplois-ressources des ménages s'écrit de la manière suivante :

$$P_c Q_c + S = R \qquad (3)$$

Les ménages peuvent employer le revenu distribué R de deux manières : soit en consommant $P_c Q_c$, soit en épargnant S, c'est-à-dire, en proposant leurs fonds sur le marché des biens capitaux.

Les équations (1) et (3) nous donnent ce que le *Traité de la monnaie* baptise *l'équation fondamentale* :

$$P.Q = R + I - S \qquad (4)$$

C'est cette équation que Keynes va utiliser pour défendre ses positions.

Les résultats

Premier résultat : *l'apparition d'un surprofit correspond strictement à l'écart entre investissement et épargne*. Des équations (4) et (2), il vient :

$$\Pi = I - S.$$

Ce résultat est à rapprocher de la description du *cycle du crédit*. Le départ du cycle, sa raison d'être, c'est l'apparition d'un surprofit (d'un profit exceptionnel, au-delà de la rémunération *normale* du capital) : $\Pi > 0$. Mais cette impulsion trouve immédiatement son corollaire : elle correspond strictement à un excès des besoins de financement I sur la capacité d'épargne des ménages S : $I > S$. Le cycle économique est donc intrinsèquement associé à un désajustement épargne/investissement.

Second résultat : *le niveau général des prix se trouve expliqué par le déséquilibre I/S, corollaire du cycle du crédit*. De l'équation (4), on tire :

$$P = \frac{R}{Q} + \frac{I - S}{Q} \qquad (5)$$

Q étant fixé par l'emploi des facteurs, R étant déterminé par un principe de revenu *normal* des facteurs, c'est bien l'écart Investissement/Épargne $I - S$, expression du déséquilibre cyclique, qui provoque l'inflation (mathématiquement, P est d'autant plus grand que I est supérieur à S). Tout se passe comme si le déséquilibre du marché financier était résolu, non pas par un ajustement du taux d'intérêt, mais par l'augmentation des prix : *l'inflation constitue le principe d'ajustement du déséquilibre*. Finalement, *l'équation fondamentale* de Keynes n'est autre qu'une équation quantitative modifiée, qui explique la hausse des prix, via un opérateur original : le surprofit. En exprimant R sous sa forme monétaire, on aura, en reprenant la notation fisherienne (voir page 42 du chapitre 2) :

$$R = v.M$$

L'équation fondamentale devient :

$$P.Q = v.M + \Pi$$

Ici, on perçoit tout l'intérêt de l'introduction de Π dans le raisonnement quantitativiste. À court terme, $\Pi \neq 0$, l'existence d'un surprofit vient s'intercaler dans la causalité entre M et P (puis, elle la relayera). À long terme — c'est-à-dire dans le second temps du cycle —, $\Pi = 0$: le surprofit retrouve sa valeur fondamentale, et la causalité entre M et P s'avère pleine et entière.

L'erreur ?

Clairement, la variable Π prend le rôle d'une variable de perturbation : il s'agit pour Keynes de pouvoir rendre compte d'une économie *en dehors de l'équilibre*, c'est-à-dire avant que l'apurement des marchés (notamment financiers) ait pu avoir lieu. C'est le moyen qu'a trouvé Keynes pour envisager une économie affectée par un cycle, et pour observer son cheminement vers l'équilibre. Cette définition d'un surprofit, non nul, mais distinct d'un revenu véritable, pose cependant un grave problème de cohérence logique. On s'en rend compte en comparant les deux comptes emplois-ressources, respectivement des entreprises et des ménages :

Ménages			**Entreprises**	
Emplois	Ressources		Emplois	Ressources
$P_c.Q_c^d$	R		R	P.Q
S	?	← ? —	Π	(= $P_c.Q_c^s$ + I)

(les exposants d et s indiquent la forme de marché que prendra chaque valeur comptable : d = demande, s = offre. En ce qui concerne I et S, après transformation par le système bancaire, I correspondra à une offre de titres sur le marché financier, S à une demande).

Les emplois des entreprises *ne se retrouvent pas* comme ressources du compte des ménages, ce qui, en l'état du modèle (où il n'y a que deux agents explicites, puisque le pôle financier n'a pas été pris en compte), peut être considéré comme une *erreur* de conception. D'ailleurs, dans ce modèle, la loi de Walras n'est pas respectée. En prenant la somme des demandes nettes, on obtient :

$$P_c.\ (Q_c^d - Q_c^s) + S - I = (R - S) - (R + \Pi - I) + S - I = -\Pi\ldots\ (\neq 0)$$

La somme des Demandes Nettes n'est pas nulle, mais s'égalise en valeur absolue à Π, montant de l'erreur comptable initiale…

Face à cette erreur apparente, deux positions sont possibles :

– considérer que *l'erreur* est volontaire : Keynes aurait *inventé* cette erreur pour échapper à la loi de Walras et pour pouvoir tenir un raisonnement séquentiel, où le cheminement d'une économie en déséquilibre serait explicitement observé (c'est, par exemple, la position de Cartelier, 1995). L'opérateur Π, ses variations au-delà de sa valeur zéro, permettent de *faire vivre le modèle*.

– il s'agit bien d'une erreur, que l'économiste Kahn (un ami) fait d'ailleurs remarquer à Keynes : le concept de surprofit devrait être intégré dans le revenu distribué, et non distingué de R. Dans ce cas, l'équation (2) est remplacée par l'équation (2') suivante :

$$R = P.Q \qquad (2')$$

L'équation fondamentale (4) devient :

$$I = S \qquad (4')$$

C'est cette position qu'adoptera Keynes dans la *Théorie générale.*

En l'absence de la valeur de perturbation que constituait Π, la mathématique du *Traité* donne un modèle *à l'équilibre*, exact et rigoureux en un moment T, mais incapable de rendre compte de la succession des ajustements jusqu'à ce T virtuel. Keynes trouvera cependant un autre moyen de raisonner *en dehors de l'équilibre* en distinguant, dans la *Théorie générale*, les valeurs « attendues », des valeurs « réalisées ». Cette nouvelle distinction semble dans l'esprit de Keynes pouvoir parfaitement se substituer à l'introduction (artificielle ?) de Π. Laissons Keynes défendre cette idée :

« Dans notre *Treatise on money* le concept de changement dans l'excès de l'investissement sur l'épargne, selon les définitions adoptées, était un moyen d'étudier les variations du bénéfice ; mais dans cet ouvrage nous n'avions pas fait une claire distinction entre les résultats attendus et les résultats réalisés. [...]. Le raisonnement nouveau, tout en étant beaucoup plus exact et instructif (c'est au moins notre avis actuel), est donc essentiellement un développement de l'ancien. » (*Théorie générale*, Payot, p. 101).

Cette discussion, loin d'être annexe, s'avère réellement fondamentale pour bien comprendre l'évolution de Keynes entre le *Traité de la monnaie* et la *Théorie générale.* Nous en ferons en partie notre conclusion.

3. Conclusion : du *Traité de la monnaie* à la *Théorie générale*

L'étude du *Traité* a été faite principalement dans l'objectif suivant : bien comprendre l'évolution de la pensée de Keynes avant la *Théorie générale*. La question est : que faudra-t-il abandonner ? Mais aussi, que restera-t-il du *Traité* ?

Que faudra-t-il abandonner ?

Premier abandon : la définition d'un revenu hors profits exceptionnels

La critique de Kahn a été bien reçue par Keynes : la *Théorie générale* en témoignera cinq ans plus tard. De fait, malgré l'inconvénient majeur qu'elle entraîne (l'abandon de toute la mathématique du *Traité* et la modification du contenu sémantique de la plupart des concepts utilisés), Keynes semble s'être rallié à une définition du revenu intégrant les (sur)profits exceptionnels, et donc, à l'acceptation d'une équation fondamentale I = S pour les valeurs réalisées, même si les valeurs attendues peuvent être différentes.

Certains déploreront ce ralliement : l'adoption d'une distinction valeurs attendues/valeurs réalisées marque pour les valeurs réalisées la conversion de Keynes au principe d'un raisonnement *à l'équilibre*, plutôt que *séquentiel* (c'est-à-dire détaillant les différentes étapes des déséquilibres successifs vécus par une économie concrète) ; on peut le regretter pour la diversité de l'analyse économique. La citation présentée plus haut montre néanmoins qu'il s'agit bien là d'un choix explicite de Keynes, le choix de l'orthodoxie (et de la rigueur comptable) ! Il faut dire que Kahn, tout en détruisant l'édifice de *Traité*, fournit en même temps les principes d'une nouvelle fondation : l'utilisation du (sur)profit non plus comme une simple *dépense* des entrepreneurs mais aussi comme un *revenu* permettra en effet l'élaboration d'un nouveau mécanisme de régulation des déséquilibres ; c'est l'objet de notre second point.

Deuxième abandon : le plein emploi des facteurs et la constance de la production agrégée

Ainsi, *à l'équilibre* et en prenant acte de *l'erreur*, l'épargne et l'investissement sont nécessairement égaux. Mais comment expliquer cette égalité ? Quel est le principe d'ajustement entre ces deux quantités, *a priori* décidées par des agents différents (les ménages décident de leur épargne, les entrepreneurs décident de l'investissement) ? Kahn en 1931 fournit la réponse : il élabore le principe du « multiplicateur » qui fait reposer l'ajustement des deux valeurs I et S *sur les variations du produit agrégé*. Nous expliciterons le principe du multiplicateur dans les chapitres suivants. Pour faire le lien avec la discussion qui précède sur le (sur)profit, on peut simplement dire que le multiplicateur repose sur le principe d'une égalité stricte entre les emplois des entreprises et les ressources des ménages, la réintégration de Π dans R (la correction de l'erreur), était donc une condition nécessaire de l'invention du multiplicateur. L'apport de Kahn est double : identification de l'erreur et apport du mécanisme solution, mais l'un et l'autre sont liés (par l'équilibre emplois-ressources agrégé et son ajustement).

Morale de l'histoire : l'hypothèse de constance du produit agrégé — fixé par le plein emploi des facteurs — va être abandonnée. Ce qui constitue *in fine* un élément de radicalité majeure compensant nettement la concession à l'orthodoxie comptable précédemment évoquée ! En définitive, la critique de Kahn puis le principe du multiplicateur vont permettre de clairement identifier tout le danger de cette fameuse hypothèse classique, traditionnellement présentée comme simplificatrice et sans conséquences sur l'expertise économique : l'idée d'un revenu *naturel* donné par les facteurs. Surtout par contraste, ils vont ouvrir un nouveau champs de recherche : *l'analyse explicite des mécanismes de détermination du niveau de l'activité* en dehors de la contrainte préalable de dotations en facteur.

Qu'en restera-t-il ?

L'ajustement de I et S est central dans les perturbations cycliques

Le *Traité* malgré ses erreurs n'aura pas été inutile : c'est de sa critique que Keynes et Kahn découvrent les principes fondamentaux de la *Théorie générale*. De fait, le *Traité* posait pertinemment le problème : en l'absence d'une flexibilité adéquate du taux d'intérêt, l'ajustement I-S nécessite une variation plus globale impliquant des grandeurs typiquement macroéconomiques. Mais, la réponse restait discutable : en 1930, Keynes propose le niveau général des prix P comme paramètre d'adaptation (l'équation (5) montre la réaction du niveau général des prix au désajustement I-S). En 1936, le paramètre d'adaptation change (au moins partiellement) : via le multiplicateur, c'est le niveau d'activité Q lui-même qui s'adapte.

Rôle déterminant des entrepreneurs

La place qui est faite aux entrepreneurs dans le *Traité*, enfin, mérite quelques mots : déjà dans cet ouvrage, Keynes met l'accent sur cette catégorie particulière d'agents. C'est leur comportement, leur réaction, qui crée le cycle macroéconomique. Le concept de *profit exceptionnel* Π présente au moins cet intérêt : il désigne clairement l'agent central, responsable du niveau de l'investissement, et donc, des variations de la conjoncture. Dans la *Théorie générale*, l'idée sera reprise, systématisée même : les entrepreneurs seront explicitement les chevilles ouvrières de l'ajustement I-S. En outre, la nouvelle distinction valeurs attendues/valeurs réalisées (inventée dans la *Théorie générale*) permettra à Keynes de compléter et d'affiner le comportement de cette catégorie d'agents : les entrepreneurs deviendront la clé de voûte d'un système désormais entièrement soumis à l'incertitude. C'est notre transition vers le *Traité des probabilités*.

Section 2. Le *Traité des probabilités*

Le *Traité des probabilités* est aujourd'hui considéré comme un ouvrage fondamental pour la compréhension de Keynes. Les différents lecteurs insistent en effet sur la très grande place qui est faite à l'incertitude dans l'œuvre keynésienne. De manière évidente, le *Traité des probabilités* constitue une pièce maîtresse, pour qui veut aborder Keynes dans cette perspective.

L'ouvrage est le produit d'une dissertation de doctorat, écrite sous la direction de recherche de Whitehead (mathématicien, philosophe), et soutenue en 1909. Keynes publiera son travail après de nombreux remaniements en 1921. La thèse de Keynes, ici comme ailleurs, est à la fois audacieuse, originale, et très polémique : il s'agit — ni plus ni moins — de donner un nouveau fondement au raisonnement probabiliste. Diversement reçue lors de sa soutenance puis de sa publication, elle bénéficiera finalement d'une large postérité avec des auteurs comme Ramsey et Savage, qui proposeront à leur tour une nouvelle conception des probabilités…

1. Caractérisation du hasard : l'impossibilité d'une position fréquentiste

Le *Traité des probabilités* commence par contester une conception ancienne des probabilités : la conception « fréquentiste ». La distinction entre *poids* et *probabilité* d'un raisonnement constituera à cet égard une pièce maîtresse de l'argumentaire.

Les urnes et le réel : du risque à l'incertitude

Le mieux, ici, pour faire percevoir l'essentiel du message de Keynes est de commencer par un exemple, tiré de Georgescu-Roegen (1958). On imagine un individu faisant face à une urne : il s'apprête à tirer un boule et s'intéresse à la couleur de celle-ci. Afin de bien se représenter les différentes situations de hasard, on proposera quatre types d'énoncé :

I1 : une urne U contient, par construction, 1/3 de boules rouges et 2/3 de boules noires.

I2 : une urne U, sur les 3 426 000 tirages effectués avec remise dans l'urne, on a obtenu 1/3 de boules rouges et 2/3 de boules noires.

I3 : une urne U, sur les 3 tirages effectués avec remise dans l'urne, on a obtenu 1/3 de boules rouges et 2/3 de boules noires.

I4 : une urne contient des boules.

La situation réelle à laquelle l'individu est exposé peut être strictement identique : dans ces quatres énoncés, seule *l'information* sur ce réel est différentes. De I1 à I4, on caractérise en fait des situation allant du *risque* à *l'incertitude*, suivant la terminologie adoptée par F. Knight en 1921. L'auteur américain, économiste et philosophe, propose en effet que l'on réserve le terme *d'incertitude* aux situations non probabilisables, alors que le *risque* renvoie aux situations aléatoires mais probabilisables. Clairement, les deux premiers énoncés placent l'agent dans une *situation risquée*. L'agent est soumis à un aléa, mais peut légitimement représenter cet aléa par une probabilité : la probabilité de tirer une boule rouge est 1/3. Les énoncés I3 et I4, au contraire, placent l'agent en *situation d'incertitude* : l'utilisation d'une probabilité pour caractériser les chances de l'agent de tirer un boule rouge apparaît contestable.

Les situations concrètes, celles qui concernent les actes économiques notamment, sont, en suivant Keynes, beaucoup plus proches de I4 que de I1. Typiquement, la situation I1 est une situation de laboratoire, où le hasard est construit. Les situations I2 à I4 sont les différentes variantes de situations quotidiennes... où parfois, la multiplicité d'expériences (de tirages, ici) permet d'en savoir beaucoup (I2)... où parfois, l'absence de données d'expérimentation affaiblit, voire interdit, toute proposition sur le réel (respectivement, I3 et I4).

Cette remarque permet à Keynes de contester le fondement traditionnel des probabilités, à savoir la *position fréquentiste*, selon laquelle les probabilités résultent de l'observation répétée d'un événement (de sa fréquence mathématique). La plupart du temps, les situations concrètes ne permettent pas de faire émerger une probabilité rigoureusement fondée sur l'expérience (par la loi des grands nombres). Pour revenir à l'exemple, le plus souvent même I2 est irréaliste. Mais, partant, plutôt que d'invalider totalement le raisonnement probabiliste, Keynes tente d'enrichir cette réflexion d'une distinction originale destinée finalement à le sauvegarder : celle entre *probabilités* et *poids*.

La distinction entre probabilité et poids

Observons le comportement d'un individu, respectivement soumis aux trois premiers contenus informatifs I1, I2, I3. De I1 à I3, la probabilité qui va être utilisée pour représenter les chances de tirer un boule rouge ne change pas : elle reste à 1/3. Néanmoins, le degré de confiance que l'on va accorder à cette valeur est très variable : en I1, la qualité du raisonnement probabiliste est totale ; en I2, la qualité du raisonnement semble très élevée ; en I3, elle est très faible. En d'autres termes, alors que la partie inductive de la *probabilité* (celle procédant de l'expérience) ne change pas, le *poids* du raisonnement est lui très fortement affecté.

Keynes propose dès lors la distinction suivante. Le terme *probabilité* qualifie les probabilités de premier rang, celles qui relèvent directement de l'observation. Une nouvelle observation peut, soit réduire la probabilité d'un événement, soit l'augmenter. Le terme *poids* est réservé à l'inverse à des probabilités de second rang, celles qui indiquent le *degré de confiance* d'un raisonnement, lui-même éventuellement spécifié par une probabilité. Puisque la confiance sur une relation causale suspectée augmente toujours avec la quantité d'information, le *poids* est lui toujours croissant du nombre d'observations.

La distinction ainsi opérée permettra de bien qualifier les différentes situations entre le *risque* et *l'incertitude*. En I1, situation *risquée* mais non *incertaine*, le *poids* est maximum (égal à 1 si l'on veut reprendre une mesure normée de probabilité). En I3, le *poids* est faible (proche de zéro), et le raisonnement totalement *incertain*. Il existe en outre un *continuum* de situation entre ces deux situations : I2 et les différentes variantes de I2 (si l'on suppose 3 426 tirages, puis 36, puis 8...).

La notion de *poids* couvre, de la même manière, la distinction entre *incertain* et *improbable*, à laquelle Keynes fera allusion dans la *Théorie générale*. *L'improbabilité* d'un événement renvoie évidemment à un jugement sur la valeur de la *probabilité* simple, dite de premier rang. *L'incertitude* d'un raisonnement renvoie au contraire à un jugement sur le *poids*, sur la probabilité de second rang ; il s'agit au fond d'une évaluation beaucoup plus fondamentale, quasi épistémologique, de la vraisemblance de la probabilité elle-même. Ces deux dimensions ne sont bien sûr susceptibles d'aucune compensation.

L'incertain et l'inconnu

Résumons les dévelopements précédents. La notion de *poids* chez Keynes renvoie à un *jugement de confiance* sur les énoncés disponibles sur le réel (une évaluation de la qualité des informations procurées par l'expérience) : lorsque les *poids* sont nuls ou proches de zéro, la situation est *incertaine* ; l'individu ne peut accorder qu'une faible crédibilité à ses connaissances. Quelles conséquences (philosophiques) sur la nature de l'incertitude faut-il en tirer ?

L'*incertain* (au contraire de l'*improbable*, si l'on veut) ne correspond pas à une caractéristique « essentiel » du réel, révélée par l'observation de la fréquence mathématique d'un événement. L'*incertain* renvoie à un jugement sur *la connaissance* de ce réel, ou encore, sur *la qualité de l'information disponible sur celui-ci*. Pour Keynes donc, en poussant le raisonnement, il n'y a pas d'opposition entre hasard et déterminisme, mais plutôt, *entre hasard et connaissance.* En reprenant Laplace : « la probabilité n'est que le reflet de notre ignorance. »

Observons le vocable même de Keynes : « The terms certain and probable describe the various degrees of rational belief about a proposition which different amounts of knowledge authorise us to entertain. » (*C.W.*, vol. VIII, p. 176). Explicitement, l'incertitude est ramenée à un « montant (insuffisant) de connaissance » : les « termes certain et probable » sont associés à un « degré de conviction rationnelle (rational belief) » autorisé par le savoir disponible. C'est cette expression, *rational belief*, que nous allons maintenant développer.

2. La position de Keynes : les probabilités logiques

La réflexion sur l'incertitude va déboucher sur une nouvelle conception des probabilités (au sens large cette fois, *probabilités* et *poids*), et sur de nouvelles règles de calcul appliquées à celles-ci.

La probabilité comme expression de logique faible

Le hasard, c'est donc l'absence de connaissance. Et le probable s'interprète comme une sorte de raccourci des raisonnements dans un monde déterministe, mais toujours largement inconnu. Pour Keynes, précisément, la probabilité constitue un *« opérateur » de la logique humaine, qui s'apparente à une relation causale affaiblie* « soit une relation d'implication entre un ensemble de prémisses h et un ensemble de conclusions a ; la probabilité p représentera le degré de conviction rationnelle que l'on peut associer à cette implication ». Autrement dit, la probabilité se rattache au degré de confiance portée à une proposition logique : « Between two sets of propositions, therefore, there exists a relation, in virtue of which, if we know the first, we can attach to the latter some degree of rational belief. This relation is the subject-matter of the logic of probability. » (*C.W.*, vol. VIII, pp. 6-7). L'opérateur p est donc, selon Keynes, un instrument d'explicitation d'un lien causal entre les deux ensembles de propositions h et a. Le lien n'est pas parfait : l'utilisation de la valeur p (strictement inférieur à 1) indique que le lien est *affaibli* ; elle définit une *causalité probable* de h vers a.

Keynes adhère donc, en 1921, à une interprétation *logique* des probabilités qui s'oppose à l'interprétation *fréquentiste*, déjà évoquée. Plus précisément, Keynes tente de concilier les deux approches grâce à sa distinction entre *probabilité* et *poids* : la *probabilité* simple relève directement de l'observation, et peut être assimilée à une démarche inductive, donc *fréquentiste*. Le *poids* au contraire aura un contenu beaucoup plus logique qu'inductif ; il renvoie à une opération cognitive, essentiellement rationnelle, et — *a priori* au moins — pas du tout inductive. Keynes ouvre là la voie d'une nouvelle démarche, et d'une nouvelle interprétation du raisonnement probabiliste... Quelles conséquences pratiques Keynes en tire-t-il ?

Les règles de calcul des probabilités logiques

Cette interprétation des probabilités remet en cause, au moins en ce qui concerne les *poids*, les règles — *l'axiomatique* — couramment admises comme propriétés du calcul des probabilités. Hicks (1979) donne l'exemple suivant. Soit trois ensembles :

– A = ensembles des probabilités numériques (additives, comparables)

– B = ensembles des probabilités ordinales (comparables)

– C = ensembles des probabilités.

On a :

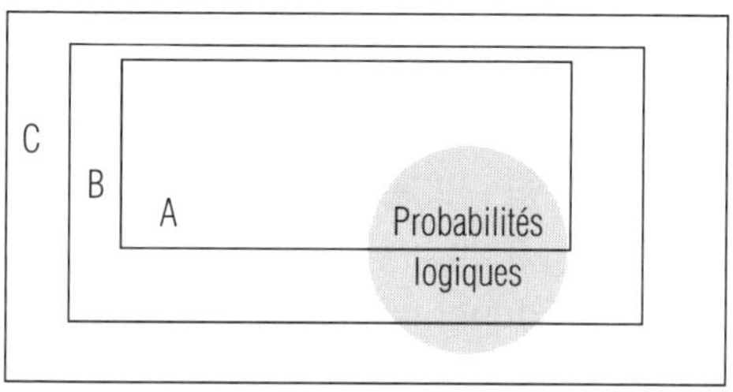

Les *probabilités logiques* de Keynes peuvent appartenir aux trois ensembles. Mais, en dehors de B, on ne peut plus appliquer les règles classiques du calcul des probabilités. Notamment, l'axiome de comparabilité est abandonné. Pour deux raisonnements, soit l'un est plus probable que l'autre, soit moins probable, soit ils ne sont pas comparables ! Dans ce dernier cas, l'ordinalité des probabilités ($P_1 \geq P_2$ ou bien alors $P_1 \leq P_2$), généralement supposée comme base du calcul des probabilités, n'est plus vérifiée. À l'extrême, la probabilité devient non mesurable, et ne peut être représentée par un nombre réel compris entre 0 et 1. Partant de ces réflexions, le noyau dur du *Traité*, sa partie véritablement mathématique, sera consacré à l'élaboration des règles de calcul propres aux probabilités logiques... Plutôt que de développer cette partie, qui échappe quelque peu à l'économiste, il nous paraît bien plus intéressant d'observer la valeur méthodologique d'une telle conception des probabilités.

3. Actualité et valeur méthodologique d'une position logique

Cet exposé des idées maîtresses contenues dans le *Traité des probabilités* permet déjà d'opérer deux rapprochements : l'une sur la paternité intellectuelle des recherches de Keynes et l'autre sur sa propre filiation...

Russell, Wittgenstein, Keynes

Keynes cherche très clairement à rattacher le calcul des probabilités à la logique formelle. En cela, il est fidèle au projet de la philosophie analytique ouvert par Russell et Whitehead, dont l'ambition est alors la reconstruction complète du langage mathématique en partant d'un nombre restreint de concepts logiques premiers. Cette reconstruction du langage devra permettre aussi de mieux départager, dans le discours scientifique, les énoncés logiques des énoncés empiriques ou inductifs ; ces derniers restant nécessaires pour écarter l'inévitable tautologie d'un discours uniquement déductif. On retrouve là aussi le programme néopositiviste incarné un temps par Wittgenstein.

Dans la droite ligne des *Principia Mathematica* (1905) de Russell et Whitehead, donc, on lira le *Traité des probabilités* de Keynes comme une tentative d'extension du champ de la logique formelle à un domaine plus vaste, celui des probabilités ou des implications faibles... avec comme corollaire, on l'a déjà noté, la volonté de démarquer la partie inductive (sur les probabilités de premier rang), de la partie logique (sur les probabilités de second rang). Le lecteur de Keynes aurait donc raison, avec par exemple Favereau (1985), de rechercher les fondements méthodologiques de sa pensée dans l'univers intellectuel que constitue Cambridge au début du siècle.

Keynes, Ramsey, Savage

Intéressons-nous aussi, après l'étude de leur paternité, à la filiation engendrée par les recherches de Keynes. La thèse des probabilités logiques, comme opérateurs de la connaissance, inspirera immédiatement un jeune étudiant cambridgien, F.P. Ramsey, dont les travaux partent d'une lecture critique du *Traité des probabilités*. L'avenir fera cependant de Ramsey (1926) l'initiateur d'un troisième courant d'interprétation des probabilités (après les interprétations *fréquentiste* et *logique*), le courant *subjectiviste*. Dans cette perspective, défendue depuis lors par De Finetti (1937) et Savage (1954), *la probabilité s'apparente à une croyance parfaitement subjective*. Elle s'attache plus à donner une cohérence à l'action humaine, qu'à révéler la nature essentielle du réel (elle n'a d'ailleurs pas nécessairement besoin d'être fondée *a priori* sur un processus inductif. L'induction sera réintroduite *a posteriori* par la règle de Bayes, qui fournit le principe de transformation d'une probabilité lorsqu'un événement nouveau survient...).

La position de Ramsey (1926) peut ainsi être assimilée à une version extrême de celle de Keynes. La probabilité apparaît, là encore, comme un opérateur de la connaissance fondé sur la logique formelle, mais cette fois, la référence à l'induction de premier rang est complètement abandonnée. La probabilité est désormais totalement *subjective*. Sa justification, en dernier ressort, est d'être tournée vers l'action, afin de lui donner une cohérence rationnelle. L'adoption d'une probabilité résulte donc d'une démarche *pragmatique* (c'est le terme qu'emploie Keynes pour qualifier la thèse de Ramsey). Par exemple, les probabilités subjectives vont être utilisées par l'agent pour calculer l'espérance d'utilité de chacun de ses actes. Signalons que Keynes, dans sa revue de l'édition posthume de l'article de Ramsey, a semblé donner son accord à cette dernière interprétation, déclarée subjective, des probabilités. Il rend hommage à son ami et cède à ses raisons (on peut lire cette concession dans *Ramsey as a Philosopher*, *C.W.*, vol. X, pp. 335-346).

Portée méthodologique

En outre, il convient de s'interroger, au-delà des parentés et filiations, sur les enseignements que Keynes lui-même pourra tirer de ses propres réflexions. Comment finalement ces recherches de jeunesse consacrées aux probabilités et à l'incertitude vont-elle influencer le futur Keynes économiste ?

D'une façon très directe d'abord, il faut faire remarquer qu'en ce qui concerne les décisions économiques, c'est bien sûr dans le domaine des anticipations que va se cristalliser cette nouvelle conception du raisonnement probabiliste. Le chapitre 5, mais surtout, le chapitre 12 de la *Théorie générale* font de nombreuses références au *Traité des probabilités* : ils sont respectivement consacrés à la prévision à court terme, et à la prévision à long terme. C'est évidemment dans « l'état de la prévision à long terme » que Keynes développe le plus largement une conception du comportement des agents économiques en situation d'incertitude. À n'en pas douter, les réflexions préalables contenues dans le *Traité*, notamment celles consacrées à la non-induction de certaines probabilités (les *poids*), ont conduit Keynes à exposer une théorie originale des anticipations. Celles-ci, *en l'absence de toute donnée factuelle crédible*, vont résulter d'une *logique* (dite autoréférencielle) qui n'est pas sans rappeler la position logique, mise en œuvre dans le *Traité des probabilités*. Nous reviendrons sur cette question lorsque nous aborderons, à l'occasion de l'étude du chapitre 12, les notions d'anticipations mimétiques, et de convention.

D'une façon peut-être un peu plus abstraite, ensuite, on peut se demander dans quelle mesure la réflexion menée par Keynes sur l'incertitude a pu pénétrer jusqu'au cœur de ses présupposés épistémologiques, c'est-à-dire, jusqu'à *sa propre conception de l'enquête en sciences sociales*. Les développements keynésiens sur la non-ordonnabilité, et la non-mesurabilité, de certaines des probabilités logiques vont par exemple expliquer le parti pris, tout aussi keynésien, de renoncer à une formalisation mathématique de la *Théorie générale* : le réel économique serait, en partie au moins, non mesurable (dès lors qu'on s'attache à des processus psychologiques). On peut faire remarquer de surcroît que ces travaux de jeunesse de Keynes définissent un principe de causalité faible qui, *en situation d'incertitude*, assombrit considérablement les perspectives du raisonnement scientifique : lorsque les *poids* sont nuls, la relation de a vers h est statistiquement inexistante ; comment dès lors la repérer ? (L'auteur de référence sur la question est Vercelli. On peut le consulter en français dans le collectif édité en 1993 par Arena et Torre. Voir la bibliographie en fin d'ouvrage).

Est-ce à dire que toute démarche scientifique est désormais invalide en économie ? Certainement pas. Simplement, Keynes insistera sur le fait que les méthodologies d'enquêtes en sciences sociales, et les tests de validité des théories notamment, doivent prendre des modalités particulières. Surtout, il en déduira qu'il faut renoncer pour la science économique aux grandes constructions transcendantales (valable tout le temps, en tout lieu). Faute d'être universelle, la science doit être utile. Keynes cherchera ainsi quasi systématiquement à rattacher sa démarche, et celle de l'économie en général, à un pragmatisme raisonné, qui s'avérera finalement caractéristique de la macroéconomie (nous reviendrons sur cette idée). Malgré tout, le projet méthodologique keynésien reste ambitieux : du fait de sa référence à la philosophie analytique de Russell, il est basé sur l'induction mais aussi, sur l'utilisation *au plus haut niveau d'abstraction possible* des principes de la logique formelle. À nous, lecteurs, de juger si le pari est tenu.

Conclusion du chapitre : autour d'une équation

L'équation *Traité de la monnaie* + *Traité des probabilités* = *Théorie générale* est-elle valide ? Une telle affirmation apparaît évidemment simpliste : de 1930, année de publication du *Traité de la monnaie*, à 1936, année de parution de la *Théorie générale*, les interrogations de Keynes sont différentes : la persistance d'une crise mondiale et la généralisation d'un chômage de masse (autre part qu'en Grande-Bretagne) modifient considérablement la nature des problèmes à résoudre. Néanmoins, l'idée suggérée par l'équation, selon laquelle la *Théorie générale* est constituée de *l'addition d'une interrogation monétaire et d'un questionnement sur l'incertitude économique*, semble bien une clé de lecture intéressante pour une première approche du *grand ouvrage*.

La *Théorie générale* renferme une théorie économique audacieuse, qui constitue les fondements d'une nouvelle école de pensée, d'un nouveau paradigme. Le *Traité de la monnaie* est au contraire une sage variation autour d'un schéma traditionnel ; tout montre que Keynes dans le *Traité de la monnaie* n'a pas osé franchir le pas de l'hétérodoxie. Cette inhibition, très inhabituelle chez Keynes, explique d'ailleurs sans doute l'échec du *Traité de la monnaie*, livre boiteux et inabouti. Le germe de nouveauté et d'originalité provient donc plus vraisemblablement du *Traité des probabilités* que du *Traité de la monnaie.* Cette dernière réflexion explique pourquoi nous avons choisi de rompre avec une présentation chronologique pour ce chapitre : la *Théorie générale* n'est pas une refonte du *Traité de la monnaie* de 1930 ; le propos de 1936 est beaucoup plus ambitieux. Systématisant la question de l'incertitude, la *Théorie générale* est paradoxalement plus proche du *Traité des probabilités* de 1921. D'une certaine manière, elle lui doit son aspect révolutionnaire et, sans doute, sa réussite !

Chapitre 4

La *Théorie générale* (I) : guides de lecture

La *Théorie générale* a fait (...et fait encore !) la notoriété de Keynes ; elle s'est affirmée d'une postérité digne des plus grands ouvrages de sciences sociales. L'œuvre de 1936 a structuré l'essentiel des débats qui animeront la communauté des économistes pour la seconde moitié du XXe siècle. Surtout, elle a fédéré, autour des idées qui y sont défendues, une véritable école de pensée, engageant à la fois, une vision des mécanismes économiques, une conception méthodologique, et un parti pris politique.

Les thèses de Keynes ont été largement discutées, évidemment. Mais le plus frappant, dans ces discussions, reste que les débats les plus violents n'ont pas opposé les défenseurs des thèses keynésiennes aux détracteurs de ces thèses, mais plutôt, au sein des disciples de Keynes, les partisans des différentes interprétations du message keynésien. La *Théorie générale* en effet est une œuvre particulièrement riche, si riche qu'elle peut donner lieu parfois, sur une idée avancée par Keynes, à de multiples développements insistant sur tel ou tel aspect essentiel du propos. En bref, les clefs de lecture de la *Théorie générale* sont diverses.

Cette situation complique considérablement le travail de l'enseignant : quelle position adopter pour deux (ou plus) interprétations rivales ? Adopter l'une, plutôt que l'autre, est prématuré dans un ouvrage d'introduction à Keynes. À l'inverse, rendre compte *in extenso*, pour chaque passage de la *Théorie générale*, de chacune des interprétations alourdirait infiniment l'exposé ; ce qui ne manquerait pas de nuire à sa portée pédagogique... En outre, l'exercice serait vain : la multiplication des points de vue n'est en aucun cas gage de vérité. Pour répondre à ce problème, nous avons choisi un découpage particulier, *compromis* quelque peu bâtard mais *raisonné* entre les deux positions envisagées plus haut.

Le présent chapitre fait apparaître la structure générale de la *Théorie générale*, en suivant la construction même du livre de Keynes (choix qui constitue déjà, en soi, un biais d'interprétation...) ; il insiste néanmoins sur deux clés de lecture fondamentales de l'ouvrage : l'existence d'une distorsion sur le marché de l'emploi, et le rôle de l'incertitude dans la spécification des relations monétaires. Les chapitres suivants préciseront les mécanismes et reviendront sur les interprétations concurrentes.

Section 1. Le marché du travail : point de départ du schéma causal keynésien

Keynes a choisi de faire débuter son livre par un chapitre intitulé *Les postulats de l'économie classique*. Ce chapitre est consacré à l'étude du fonctionnement du marché de l'emploi. Il précise d'abord les principes d'analyse retenus par la « tradition » (des économistes, s'entend), et tend à imposer une nouvelle idée sur ceux-ci : compte tenu de la distorsion inévitable résidant sur le marché de l'emploi, il vaut mieux aller chercher ailleurs les solutions du chômage. C'est le point de départ du schéma causal keynésien. Nous suivrons pas à pas les arguments de Keynes.

1. Les « postulats de la théorie classique »

Le chapitre sur les *postulats* est numéroté 2. Un chapitre 1, d'une demi-page, précise le terme de *générale* inclus dans le titre. Il situe les ambitions de Keynes : à savoir l'intégration de la théorie classique comme un cas particulier de sa propre théorie. À l'occasion, Keynes explicite ce qu'il entend par *classique* : en un mot, *toute* la théorie économique passée, en confondant les écoles ricardienne et marginaliste. C'est au chapitre 2 que commence réellement l'analyse : définition des postulats, contestation, et conséquences qu'il y a lieu de tirer de cette contestation.

La position classique

Keynes identifie deux postulats propres à la théorie classique :

– P1 : le salaire est égal à la productivité marginale du travail ;

– P2 : le salaire est égal à la désutilité marginale du travail.

Par salaire, Keynes entend salaire réel, il le précisera. Il s'agit d'un raisonnement typiquement classique, où les valeurs nominales sont converties automatiquement en des grandeurs déflatées de l'évolution des prix.

Le postulat P1 répond, du côté des entreprises, à un critère de rationalité dans les choix des facteurs de production : le facteur travail est employé tant que son coût (le salaire) reste inférieur ou égal à son rendement (la productivité marginale du travail). Seules quelques imperfections dans la concurrence peuvent momentanément contredire cette règle. Le postulat P1, en liant très précisément le salaire réel à la quantité de travail employée, équivaut à la *fonction de demande de travail*. Pour chaque taux de salaire w/p, il existe un niveau N de facteur travail demandé :

$$N^d = N^d\left(\frac{w}{p}\right).$$

La relation est décroissante : plus le salaire est élevé, moins il apparaît rentable aux entrepreneurs de recourir au facteur travail. Ce principe, rationnel, de détermination de la demande de facteur est logiquement dérivé de la volonté des entrepreneurs de maximiser leur profit.

De son côté, le postulat P2, dans la tradition des économistes classiques, correspond aux décisions des travailleurs eux-mêmes. Il indique que les travailleurs proposent leur travail en fonction du salaire pratiqué : pour certains salaires — élevés —, les travailleurs ont tendance à se présenter massivement sur le marché du travail ; pour des salaires faibles, ils décident de réserver leur offre. Une telle définition des comportements, nous donne *la fonction d'offre de travail* :

$$N^s = N^s\left(\frac{w}{p}\right).$$

En termes modernes, cette dernière fonction pourrait être dérivée d'un choix rationnel entre le travail et le loisir.

La vérification simultanée des deux postulats, supposée par les classiques, *détermine le volume de l'emploi*. Graphiquement, à l'intersection de l'offre et de la demande de travail, on aura :

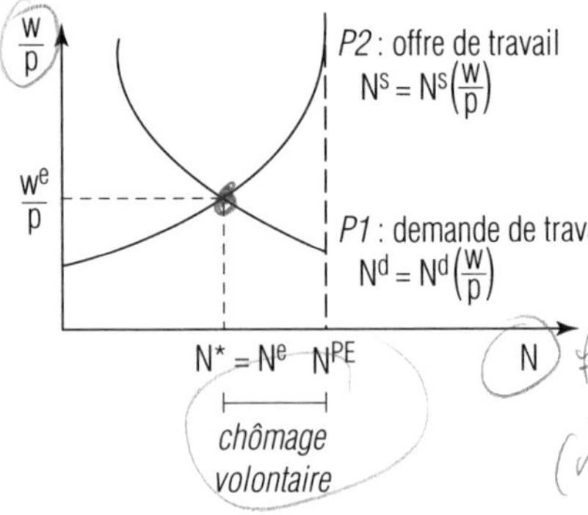

La théorie du chômage qui résulte d'une telle représentation des comportements ne peut être que celle d'un *chômage volontaire*. Entre le niveau de l'emploi déterminé par la vérification conjointe des deux postulats (N^e) et le niveau correspondant à l'emploi de la totalité de la population active (N^{PE}), il peut effectivement exister un hiatus ; néanmoins, en raison du postulat 2, *il ne peut s'agir que d'un retrait délibéré de la part des travailleurs* : le taux de salaire effectif n'est tout simplement pas suffisant pour *décider* les travailleurs à travailler. Graphiquement, la quantité ($N^{PE} - N^e$) indique le montant des chômeurs « volontaires ». (L'utilisation de l'écriture $N^* = N^e$, pour indiquer la quantité effectivement réalisée se comprendra plus tard).

Telle est la *Théorie du chômage* que Keynes attribue aux classiques, en particulier à Pigou, qui vient de faire paraître son livre (1933).

La position de Keynes : le chômage involontaire

Keynes conteste cette représentation classique du chômage ; il est manifeste que le chômage n'est pas toujours *volontaire* ! Précisément, Keynes accepte le premier postulat ; il veut bien admettre que les entreprises sont effectivement gérées sur un critère de rationalité. *Mais, il conteste le second postulat* : le renoncement au travail n'est pas toujours le fruit d'une décision réglée par le salaire réel. Keynes soulève deux objections : de ses propres termes, l'une lui paraît « sans importance théorique fondamentale », « la seconde est au contraire fondamentale ».

La première objection en ce qui concerne P2 a trait à la perception effective par les travailleurs du montant réel de leur salaire. Les travailleurs pourraient ne pas convenablement corriger leur évaluation du salaire par les variations survenues sur le niveau général des prix. Il s'agirait en fait d'une illusion monétaire : à tort, les hausses de prix ne seraient pas enregistrées immédiatement comme équivalentes à une baisse du salaire réel. Logiquement, un telle remarque affaiblit la relation P2, sans réellement l'infirmer sur le long terme (avec le temps, les agents réalisent leur erreur). C'est donc à la deuxième objection qu'on doit s'attacher.

La deuxième objection faite à P2, et donc à toute la théorie classique tient en ces mots : « La théorie traditionnelle soutient que les accords conclus entre les entrepreneurs et les ouvriers pour la fixation du salaire nominal déterminent aussi le salaire réel [...]. Or il n'est pas évident que le niveau général des salaires réels dépende du montant du salaire nominal stipulé par les employeurs et les ouvriers. » (*Théorie générale*, Payot, p. 41). Ce que Keynes conteste donc, *c'est la possibilité réelle pour des négociations portant sur le salaire nominal de fixer en même temps le salaire réel.*

Avant de déterminer, avec Keynes, les raisons qui expliquent cette non négociation du salaire réel, observons d'abord les conséquences de l'information du postulat P2. *La conséquence immédiate est l'apparition possible d'un chômage involontaire.* La détermination du salaire réel en dehors du marché du travail autorise en effet l'émergence d'un *faux prix*, c'est-à-dire, d'un prix qui laisse insatisfait l'un des deux côtés du marché. Précisément, dans la mesure où le postulat P2 est contesté, c'est le côté *offre de travail* qui va se trouver insatisfait. Graphiquement, on aura :

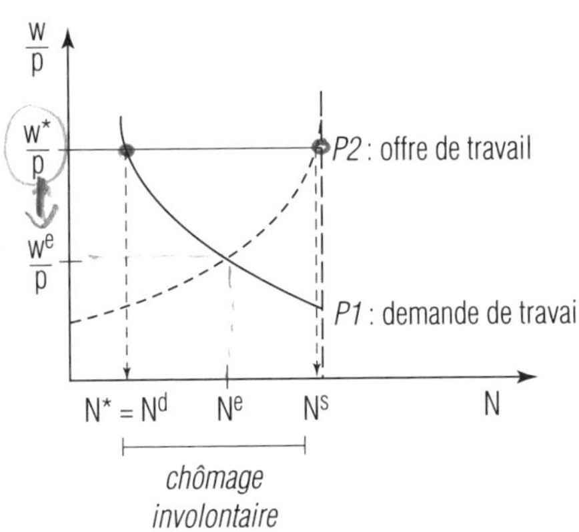

Pour le salaire réel pratiqué, on constate un écart entre la demande et l'offre de travail. La quantité de travail effectivement employée est fixée le long du postulat P1 (vérifié !) : $N^* = N^d$. Mais, à ce niveau de salaire réel, l'offre de travail est supérieure. La partie insatisfaite $N^s - N^*$ constitue en propre une population de *chômeurs réellement involontaires* (c'est-à-dire, désirant travailler au taux de salaire en vigueur, mais ne trouvant pas à s'employer).

En d'autres termes (walrasiens), le chômage involontaire, *pour être pensé*, doit être intégré dans la perspective d'une rigidité du salaire réel (d'une absence de flexibilité), de sorte que celui-ci ne permet plus d'assurer l'apurement du marché. Jusqu'ici cependant, le raisonnement est partiel : on observe le marché du travail seul et son absence d'apurement ; on va néanmoins très vite passer à un raisonnement en équilibre général...

2. Rigidité du salaire nominal... rigidité du salaire réel... rigidité des prix

Keynes vient donc d'établir une condition nécessaire pour sortir d'une représentation classique de l'emploi, et d'un chômage nécessairement volontaire : *un échec dans le processus de négociation du salaire réel fait, qu'en pratique, il avorte sa propriété d'apurement du marché du travail.* Nous en sommes à la cinquième ou la sixième page de la *Théorie générale* (selon les éditions) ; reste à préciser les raisons de cet échec... Keynes procède pas à pas.

La rigidité du salaire nominal, nécessaire mais insuffisante

La rigidité du salaire nominal est-elle suffisante pour empêcher un ajustement du marché du travail ? Voyons d'abord comment Keynes envisage cette rigidité. Deux arguments sont évoqués, très succinctement. Le premier type d'argument n'aura pas demandé beaucoup d'effort à Keynes puisqu'il reprend une thèse classique : celle du « syndicat » qui, voulant protéger les intérêts directs de ses membres, tend à exiger le maintien d'un salaire élevé. Cette situation, Keynes veut bien l'admettre, tout en minimisant sa portée. Nous verrons pourquoi.

Le second type d'argument est plus subtil : il s'agit de l'argument dit du *salaire relatif.* Les agents s'opposent à des réductions du montant nominal de leur salaire car ils rejettent fondamentalement la justification qu'on leur en donne : *réduire le salaire nominal, pour réduire les coûts et obtenir une déflation salutaire pour tous*. D'après Keynes, les agents n'adhèrent pas à cette théorie de la déflation vertueuse. Bien plus, anticipant que les autres salariés rejetteront la réduction, ils savent que cette politique est nécessairement inapplicable, et sans effet sur le niveau général des prix : chacun rejette la réduction, car il pense que l'autre agit de même, faisant échouer du même coup la tentative... Le seul comportement rationnel dans ce cas consiste à éviter, de son côté, toute réduction salariale, afin de ne pas être le « dindon de la farce » ! Une véritable sclérose du montant nominal du salaire est ainsi générée par cette protection instinctive d'un pouvoir d'achat relatif.

Cette thèse — dite du *salaire relatif* —, où l'interaction entre salaire et niveau général des prix est primordiale, s'avère en elle-même tout à fait instructive sur le type de rigidité auquel Keynes va s'attacher. Keynes nous apprend très vite que ces théories de la rigidité du salaire nominal sont en elles-mêmes tout à fait insuffisantes. *Ce qu'il faut expliquer, ce n'est pas la rigidité du salaire nominal, mais la rigidité du salaire réel*. On pourrait, en effet, très bien imaginer qu'un mouvement adéquat des prix survienne, ceci afin de faire coïncider le salaire réel avec sa valeur d'équilibre. Techniquement, pour faire coïncider une fraction w/p avec une valeur prédéterminée $(w/p)^e$ assurant l'équilibre, il y a deux moyens : variation du numérateur, celle-ci semble impossible ; et, variation du dénominateur ! C'est cette seconde variation dont Keynes cherche à prouver — aussi — la vanité.

Rigidité du salaire réel et rigidité des prix : la perspective générale plutôt que partielle

La rigidité du salaire nominal n'est un obstacle insurmontable que lorsqu'elle se double d'une détermination inadéquat des prix. C'est le message du *salaire relatif*, et, c'est la condition nécessaire, pour que le salaire réel n'ait aucune chance de correspondre à son niveau d'apurement du marché. C'est aussi d'ailleurs l'essentiel de la thèse que Keynes veut développer. Laissons-le s'exprimer : « Il se peut qu'elle (la main-d'œuvre considérée dans son ensemble) n'ait aucun moyen de réduire les salaires *réels* à un chiffre donné en révisant les clauses *monétaires* des accords conclus avec les entrepreneurs. Telle sera notre thèse. Nous nous efforcerons de prouver que le rôle essentiel dans la détermination du niveau général des salaires réels est joué par certains autres facteurs. Un de nos buts principaux sera d'élucider ce problème. » (*Théorie générale*, Payot, pp. 42-43.)

Le salaire réel, qui seul pourrait virtuellement assurer l'équilibre, n'est pas négocié : Keynes veut bien admettre une négociation sur les salaires nominaux (monétaires) mais pas sur les salaires réels. De l'un à l'autre, il n'y a qu'un intermédiaire : *le niveau général des prix*. Dans le système keynésien, donc, *une détermination simultanée du niveau général des prix vient contrarier l'accord initial obtenu sur le salaire*. Pour reprendre notre analyse mathématique du salaire réel, la négociation du numérateur ne suffit pas à fixer le rapport tout entier à son niveau d'équilibre si, dans le même temps, la valeur définie du dénominateur vient contrecarrer l'ajustement. Keynes s'est opposé toute sa vie à l'idée (attribuée à Pigou) qu'une réduction du salaire nominal suffirait à résoudre le chômage. Dans les termes présentés dans le deuxième chapitre de la *Théorie générale*, la seule explication plausible de cette position réside dans l'existence d'une interaction défavorable entre salaire nominal et niveau des prix.

Où trouve-t-on une détermination du niveau des prix, qui viendrait immanquablement contrarier l'accord liminaire obtenu sur les salaires ? Voilà le problème que Keynes doit maintenant résoudre (*Théorie générale*, Payot, p. 10). *C'est ici qu'un emprunt à la perspective de l'équilibre général devient nécessaire*. Le niveau général des prix n'est évidemment pas négocié sur le marché du travail. Le niveau des prix est fixé par « certains autres facteurs », qui en pratique vont nécessiter l'intégration d'un (ou plusieurs) autre(s) marché(s). Autrement dit, il faut abandonner la perspective partielle ! Pour vendre la mèche, le principe que Keynes fera intervenir, c'est celui de la *demande effective*, qui *fixe explicitement le niveau général des prix et l'emploi* en fonction des états attendus de différents marchés interdépendants. Le niveau des salaires en sera évidemment un des déterminants majeurs.

Biunivocité et schéma causal

Dans le chapitre 2, néanmoins, avant de préciser clairement ce nouveau concept, Keynes veut insister sur la *biunivocité* (c'est-à-dire l'équivalence stricte) entre, d'une part, la détermination du niveau d'emploi, et, d'autre part, la détermination du niveau des prix par le principe de demande effective. *Pour cela, il a besoin de rappeler le postulat P1.* Graphiquement, la vérification du postulat P1 (pour des niveaux de salaires effectifs supérieurs au niveau d'équilibre) établit une bijection entre niveau du salaire réel et niveau de l'emploi :

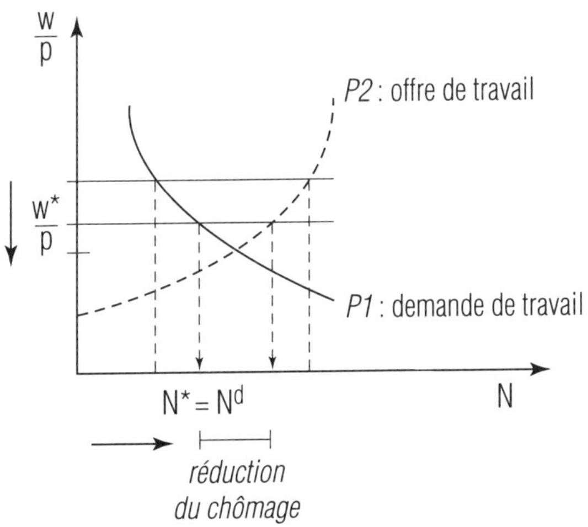

La simple constatation que p intervient au dénominateur de la valeur du salaire réel, ajoutée au raisonnement graphique qui précède, permet dès lors de montrer la *biunivocité* : *à salaire nominal rigide*, toute variation de p (à la hausse) se traduit d'abord par une modification (à la baisse) du salaire réel, puis, comme le graphique l'indique, par une variation (à la hausse) du niveau d'emploi. En termes keynésiens, cette fonctionnelle prendra le nom *d'un postulat d'équivalence entre les variations de la demande effective et les variations du niveau de l'emploi*. Déjà donc, à l'issue du chapitre 2, on peut tracer les grandes lignes du schéma causal keynésien. (Voir schéma page suivante.)

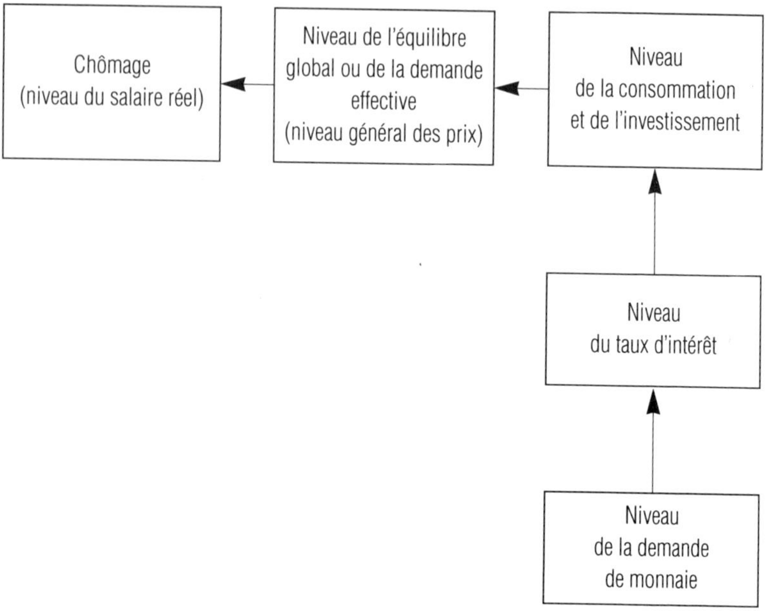

Ce schéma pris à rebours (du chômage jusqu'à la monnaie) résume la construction de la *Théorie générale*. Le livre se présente comme la remontée, chapitre après chapitre, d'un enchaînement de causalités. La structure de la *Théorie générale* suit donc une logique. Très brièvement :

→ Point de départ : *fausseté* du salaire réel (chapitre 2)
...Il faut analyser la détermination du niveau général des prix

→ La demande effective (chapitres 3 à 7)
...Il faudra justifier la forme de la demande globale

→ Une théorie de la consommation et de l'investissement (respectivement, chapitres 8 à 10 et 11 à 12)
...Il faudra justifier la forme de l'investissement

→ Une théorie du taux d'intérêt (chapitres 13 à 14)
...Il faudra justifier la forme de l'intérêt

→ Une théorie de la demande de monnaie... (chapitres 15 à 17).

Nous terminerons ce long commentaire du chapitre 2 par deux remarques. Le schéma causal, tel qu'il apparaît ici, est archiconnu… mais on oublie en général de préciser sa toute première causalité en termes de rigidité de prix (le dénominateur qui vient altérer la détermination du salaire réel). Il faut dire que la présentation qui vient d'être faite met l'accent sur l'une des interprétations du travail de Keynes, celle d'une école de « la synthèse », qui insisterait sur les prix fixes comme clé de lecture de l'œuvre keynésienne. Le commentaire du deuxième chapitre de la *Théorie générale* conduit nécessairement à ce type d'interprétation. De l'avis même des partisans des lectures alternatives — voir par exemple Favereau (1985) —, ce chapitre constitue un *rapiéçage*, concédé par Keynes, de manière à raccrocher ses thèses à celles d'un courant orthodoxe dominant dans les années trente.

Les thèses plus radicales tendent à minimiser l'importance du chapitre 2 : l'idée même de l'existence d'un marché du travail chez Keynes est contestée. Notre avis sur ce point est qu'il s'agit plutôt d'un problème de sémantique. Si l'on définit la notion de marché comme le lieu théorique de rencontre entre une offre et une demande *nécessairement régulé par un prix flexible* ; alors, effectivement, il n'y a pas de marché du travail. Si l'on adopte une définition plus souple — généralement admise par la communauté des économistes — d'un lieu de rencontre entre une offre et une demande, régulé par un prix éventuellement flexible *mais pouvant faire l'objet de rigidités*, alors, il existe bien un marché du travail chez Keynes. Ce dernier constat n'interdit pas d'ailleurs, qu'en raison des imperfections et échecs de marchés, les agents *doublent* les procédures de régulation marchande d'autres procédures de coordination mieux adaptées au type d'environnement (instable et incertain !) auquel ils ont désormais affaire.

Cela nous amène à notre deuxième remarque : le schéma causal reprend l'ordre du titre étendu de la *Théorie générale* (*General Theory of Employment, Interest and Money*). Keynes a donc voulu très explicitement — dès le premier abord du livre — indiquer sa démarche : celle d'un enchaînement logique. Tout est dit, sauf peut-être le ressort fondamental des mécanismes : l'incertitude. C'est d'ailleurs notre seconde clé de lecture.

Section 2. L'équilibre global : incertitude, monnaie et taux d'intérêt

La *Théorie générale* est construite comme un schéma causal pris à rebours. Soit ! Mais encore faut-il mettre à jour le fil conducteur de cette trame. En remontant les enchaînements, le leitmotiv apparaît : l'incertitude. La notion, déjà abordée dans le *Traité des probabilités*, est ici systématisée : elle imprègne les comportements, et les causalités ; elle vient compléter, voire parfois se substitue, à la conception rassurante de l'équilibre marchand. En un mot, elle constitue un mode d'interprétation général du réel économique.

Le point d'orgue du concept d'incertitude, on l'a beaucoup écrit, c'est le chapitre 12 de la *Théorie générale*, consacré à l'état de la prévision à long terme ; chapitre charnière intervenant juste à l'intermédiaire des analyses réelles (après la consommation, l'investissement) et des analyses proprement monétaires (le taux d'intérêt et la liquidité). Néanmoins, l'incertitude est présente bien avant ce chapitre 12 : le chapitre 3 par exemple, en introduisant le principe de demande effective fait une place centrale à celle-ci. C'est peut-être même à cet endroit qu'elle est la plus destructrice, puisqu'elle conduit logiquement à percevoir le niveau d'activité global (...et donc l'emploi !) comme résultante d'une procédure d'anticipation. Nous commencerons par là.

1. Incertitude et décision des entrepreneurs : le principe de demande effective

Après avoir exposé le principe de demande effective, nous nous interrogerons avec Keynes sur la signification de celui-ci, notamment au regard de la loi de Say qui constitue un principe alternatif.

Demande attendue, demande effective : le principe

Malgré les nombreuses discussions qu'on pourrait avoir sur la forme précise des courbes, le mieux est de commencer par visualiser le graphique ci-après (inventé par Weintraub en 1960).

- Le *coût de l'offre globale* Z met en place une relation entre le niveau d'emploi global mis en œuvre par les entrepreneurs et le

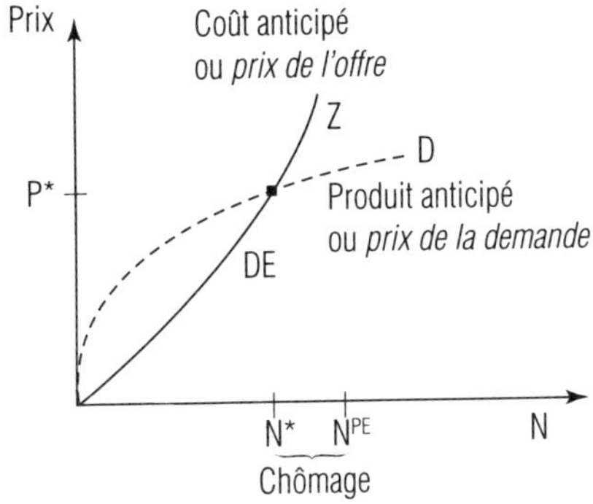

coût de la production. À chaque niveau d'emploi (mettons, pour la France, 25 millions d'emplois, puis 30 millions d'emplois...) correspond un niveau des coûts unitaires de la production globale. La relation est croissante : plus l'activité est importante, plus on a tendance à utiliser les ressources, plus donc il faut les rémunérer, plus c'est coûteux (la forme exponentielle de la courbe n'est pas indispensable, l'important est que la pente de la courbe Z soit supérieure à celle de D).

Le *produit attendu de l'emploi* D correspond au prix de vente unitaire *possible* de la production ; il dépend lui aussi du niveau d'emploi mis en œuvre. Lorsque le niveau d'emploi est élevé, il y a plus de revenu distribué, et donc, plus de disponibilité des acheteurs potentiels à payer la production globale. Néanmoins, la relation admet une forme logarithmique (*i.e.* concave) : la disponibilité à payer la production croît mais de moins en moins. En l'état, cette dernière affirmation n'est pas démontrée par Keynes, il lui faudra quasiment l'ensemble de la suite du livre pour le faire : les théories keynésiennes de la consommation et de l'investissement y participeront.

Raisonnons maintenant à l'aide de ces deux courbes. Keynes affirme que l'équilibre global, niveau des prix et niveau de l'emploi, se fixe exactement à l'intersection des deux courbes : le point DE se dénomme *point de demande effective*. À gauche de DE, le prix de vente est (serait) supérieur aux coûts, les entreprises font des surprofits... dans ce cas, les entrepreneurs cherchent à élever la production et se disputent les ressources : le niveau d'emploi tend à augmenter ; on se rapproche de DE.

À droite de DE, les entreprises feraient des pertes, le niveau d'activité est revu à la baisse ; on tend là aussi vers DE, mais cette fois par la gauche. Finalement, *on ne peut être qu'exactement au point DE.*

L'équilibre global est donc strictement déterminé par le point de demande effective, qui fournit en même temps *le niveau effectif de l'emploi* et, par différence avec le total de la population active, *le niveau du chômage*. Dans l'esprit de Keynes, ce principe de demande effective se substitue à la détermination du niveau d'emploi par le marché du travail, lui-même déclaré inefficient, on l'a vu. La détermination conjointe du prix (en ordonnée) permet cependant d'observer les conséquences du principe de demande effective sur le salaire réel (le dénominateur !) …et donc, de vérifier la *biunivocité* ou le postulat d'équivalence dont nous avons déjà parlé dans la section précédente (voir p. 81, chapitre 4). Voyons maintenant la signification d'un tel principe.

Absence de commissaire priseur et asymétrie des entrepreneurs

L'équilibre global (le niveau d'activité) est déterminé par un processus d'anticipation ; tel est le message majeur du principe de demande effective ! Clairement, il s'agit pour les entrepreneurs de fixer un niveau d'emploi en fonction des débouchés attendus ; *le niveau d'activité effectivement mis œuvre dépendra strictement de cette estimation.*

La détermination de l'équilibre global est donc à imputer à une classe particulière d'agents : les entrepreneurs (et leurs estimations plus ou moins optimistes). De plus, la détermination est double : quantités produites et *prix de vente* sont laissés au libre arbitre entrepreneurial. La théorie est tout à fait nouvelle, puisque, en l'espèce, la fiction traditionnelle d'un prix de vente fixé par un équilibre de marché (offre/demande) est abandonnée. En l'absence de messages fiables provenant d'un hypothétique commissaire priseur, les entrepreneurs vont recourir eux-mêmes à un procédé de fixation des prix et des quantités. On retrouve en filigrane le programme de la concurrence imparfaite : le prix est une donnée unilatérale, créé indépendamment d'un quelconque impératif d'apurement des marchés.

De même, la théorie du déséquilibre ou des « équilibres non walrasiens », que nous avons eu déjà l'occasion d'aborder, trouve son origine dans le principe de demande effective (voir p. 38-39 ; on pourra aussi voir cette interprétation de Keynes dans l'école de la *nouvelle économie keynésienne* : NEK). À prix rigides, les déséquilibres se reportent quantitativement d'un marché à l'autre : ici, le rationnement anticipé sur les débouchés se reporte sur le niveau (faible) de l'emploi et du revenu distribué... ce qui, du coup, confirme l'étroitesse des débouchés. Cette représentation des mécanismes crée d'ailleurs une véritable asymétrie entre les agents au sein des relations économiques. La classe des entrepreneurs bénéficie d'une position parfaitement dominante : par ses anticipations, elle construit l'équilibre, sur une situation *a priori* non équilibrée, surtout, elle distribue un revenu qui, de fait, valide cet équilibre.

À ce propos, il nous faut préciser le statut des deux courbes : les courbes ne prennent leur valeur concrète qu'au point DE ; en dehors de DE, elles restent l'expression — sur un graphique — d'une *anticipation*. En ce qui concerne le *produit attendu de l'emploi*, par exemple, les entrepreneurs établissent, pour chaque niveau d'emploi N, un niveau de demande virtuelle (*notionnelle*, dans la terminologie du déséquilibre) basé sur leur connaissance du comportement des consommateurs (et des investisseurs !), mais cette demande ne devient *effective* et mesurable qu'une fois que le revenu correspondant à DE sera distribué. Le principe de demande effective est donc, tout autant qu'une description de l'économie réelle (DE), une description *de ce que pensent les entrepreneurs* au sujet de l'économie (sur les deux courbes mais en dehors de DE).

Il peut être intéressant, ici, de comparer la théorie de l'économie que Keynes attribue aux entrepreneurs avec une autre théorie : celle de J.-B. Say.

La loi de Say et les anticipations autoréalisatrices

La principe de demande effective est donc une description *du processus mental qui a conduit les entrepreneurs à fixer l'équilibre.* Dès le chapitre 3, Keynes tient à comparer son principe à un processus alternatif. Admettons que les entrepreneurs ne se posent pas la question de leurs débouchés… ou plutôt, admettons que, fidèles lecteurs des ouvrages les plus classiques de la théorie économique, les entrepreneurs résolvent leur problème en adhérant à la loi des débouchés de J.-B. Say ; quel serait alors l'équilibre ?

La loi de Say indique qu'un débouché existe nécessairement pour les produits mis en vente. Autrement dit, *l'offre crée sa propre demande* : « On voit donc que le fait seul de la formation d'un produit ouvre dès l'instant même un débouché à d'autres produits. » *(Traité d'économie politique)*. Le producteur, en rémunérant les facteurs de production, crée automatiquement un pouvoir d'achat correspondant à la valeur monétaire de son produit. Au niveau agrégé, il y a donc nécessaire égalité entre l'offre globale et la demande globale. Graphiquement, on obtient :

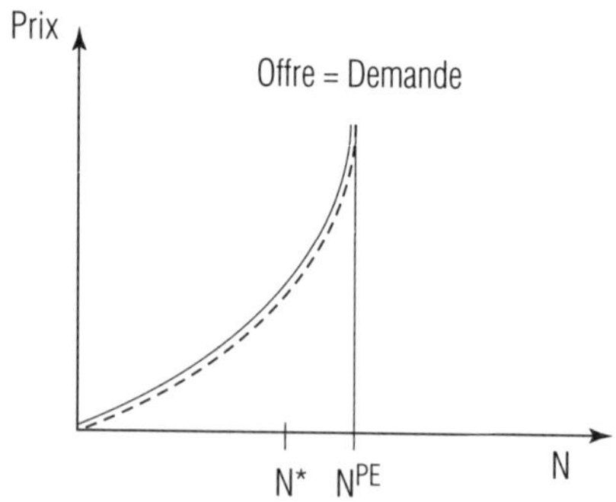

Cette description de la détermination de l'équilibre conduit tout naturellement à un équilibre de plein emploi : les débouchés ne constituant pas une contrainte pour la production, l'équilibre global se fixe par défaut (et du fait de la concurrence entre les entrepreneurs) au plein emploi des facteurs.

Le principe de demande effective engendre la possibilité d'équilibres de sous-emploi… La loi de Say engendre le plein emploi… Face à ces deux visions, laquelle choisir ? La réponse s'impose si l'on a bien noté l'aspect psychologique, mais néanmoins *autoréalisateur*, du principe keynésien. Il s'agit bien, comme on l'a déjà dit, d'une description d'un processus mental au sujet des mécanismes économiques ; néanmoins, il se trouve qu'en raison de la position dominante dont bénéficient les entrepreneurs, *leurs anticipations deviennent réalité*. Ils mettent en œuvre le niveau de revenu qu'ils croient pouvoir écouler, mais *ce faisant, ils créent justement en même temps le pouvoir d'achat global qui va valider cette anticipation* !

Le principe de demande effective n'est donc pas incompatible avec la loi de Say. Précisément, il instrumentalise la loi de Say dans le cadre de *prophéties autoréalisatrices*. Soit les entrepreneurs croient fermement à la loi de Say, dans ce cas ils investissent et mettent en œuvre collectivement un niveau de revenu correspondant au plein emploi, et le plein emploi est respecté ! Soit ils n'y croient pas, et, craignant une crise de débouchés, ils proposent un montant de revenu limité (sous-investissement), qui de ce fait valide la crise de débouchés ! Autrement dit, tout en conservant la loi de Say pour *l'équilibre lui-même*, le principe de demande effective décrit les anticipations (qui y conduisent) *en dehors de l'équilibre*.

Les prophéties des entrepreneurs sont donc constitutives de l'équilibre : leur pessimisme engendre la dépression, leur optimisme suscite la reprise. Précisément ici, les prophéties permettent de *trier*, entre les différents équilibres permis par la loi de Say, *l'équilibre qui va justement se réaliser*. Ce type de comportement, où le réel est tout entier subordonné à des estimations sur un réel potentiellement multiple, servira de leitmotiv à la *Théorie générale*. Ce sont les anticipations qui font le réel. Plus précisément, c'est la *convergence* des anticipations autour d'une norme, d'une *convention*, qui *in fine* détermine l'équilibre : un entrepreneur pessimiste seul ne fait pas une récession, d'ailleurs il aurait tort d'envisager une telle occurrence sans que les autres partagent son pessimisme ; mais lorsque le pessimisme devient norme, alors, la récession est là, inévitable ! Peu importe d'ailleurs que le raisonnement soit fondé : ce qui est important, c'est *ce que les autres entrepreneurs croient* (vont-ils anticiper la récession, et ne pas distribuer du pouvoir d'achat pour mes propres produits ?) ; c'est même ce que les autres croient sur ce que les autres croient (les entrepreneurs vont-ils collectivement se conformer à une norme dépressive ?).

Les processus d'estimation du réel, et leur validation, sont donc *autoréférentiels*. Il faut se référer à son groupe, à ses croyances : il faut imiter. Il est même rationnel d'imiter, puisque c'est la manière d'être dans la norme et, *donc*, de voir juste (les travaux d'A. Orléan et de J.-P. Dupuy explicitent *cette rationalité du mimétisme* chez Keynes). L'autoréférence est, en ce qui concerne les entrepreneurs, d'autant plus cruciale qu'ils sont à la fois juge et partie : ils distribuent le revenu ! Surtout, ils décident très directement d'une composante importante de la demande globale : l'investissement qui, on le verra, constitue la partie la plus vive, la plus susceptible de variations, du dynamisme économique.

Cette interprétation pour le principe de demande effective semble s'imposer : c'est en effet par l'incertitude et les anticipations que l'on peut échapper à la loi de Say, qui, en univers certain, s'apparente à une égalité comptable. L'incertitude intervient donc déjà au cœur même de la détermination de l'équilibre global, tel est notre credo. L'honnêteté exige néanmoins de préciser que ce type de réflexion sur l'incertitude et la nature autoréférentielle des comportements économiques n'intervient pas si tôt dans le livre ; c'est uniquement au chapitre 12 de la *Théorie générale* que Keynes abordera cette question. Dans le chapitre 3 consacré à la demande effective, Keynes s'interroge seulement sur les raisons objectives qui pourraient justifier, simultanément, le pessimisme des entrepreneurs, la faiblesse de la demande effective, et les dérogations à la loi de Say. À cet égard, la monnaie va jouer un rôle déterminant.

2. Incertitude, taux d'intérêt et monnaie : le principe de liquidité

La demande globale *fait* l'équilibre, objectivement et subjectivement, on vient de le voir ; il s'agit maintenant d'analyser le niveau de celle-ci. La demande globale se décompose en deux parties : la consommation et l'investissement. La consommation agrégée est traitée par la *loi psychologique fondamentale* ; nous reviendrons sur le sens précis de cette loi, néanmoins, elle signifie peu ou prou que l'essentiel du dynamisme de l'économie est à trouver ailleurs. C'est donc sur l'investissement que vont reposer les variations éventuelles de la demande effective.

L'investissement, lui, dépend du taux d'intérêt. *Des taux d'intérêt élevés ont tendance à décourager l'investissement.* Nous en sommes donc conduit au « traître de la pièce ». Keynes baptise lui-même le taux d'intérêt de cette appellation dans une interview radiophonique donnée à la BBC en 1931. De fait, le taux d'intérêt est la variable charnière du schéma causal keynésien (entre le monétaire et le réel) : son niveau excessif est responsable de la crise. L'originalité de Keynes en la matière est liée à la dimension essentiellement monétaire qu'il donne à ce taux. Pour bien comprendre Keynes, il faut — là encore — faire jouer l'incertitude, et très précisément, le rôle qu'elle entretient avec la demande de monnaie.

Incertitude et monnaie : le motif de spéculation

L'incertitude est en effet présente dans les prémisses mêmes de la relation monétaire : l'un des motifs de demande de monnaie est tout entier relatif à d'incertitude. Rappelons-les.

Keynes distingue trois motifs de détention de la monnaie : la demande de monnaie pour motif de transaction, pour motif de précaution, et, la demande de monnaie pour motif de spéculation. Le premier motif renvoie à la justification classique de la détention de monnaie : les encaisses monétaires sont destinées à couvrir les transactions. Le motif de précaution, deuxième motif, s'explique par le désir des agents de conserver une somme fixe pour parer à l'éventualité de dépenses brusques et inattendues. Ces deux premiers motifs en eux-mêmes ne modifient pas la théorie monétaire classique puisqu'ils sont sans conséquences notables sur la relation de proportionnalité (k ou 1/v) établie entre le volume global de l'activité et la détention d'encaisse. Le dernier motif, en revanche, ne conduit pas à la même conclusion. Voyons ses formes concrètes.

Le motif de spéculation établit une relation nouvelle entre les encaisses monétaires et le taux d'intérêt. Pour expliciter cette relation, il nous faut deux temps : un temps du comportement individuel de l'agent, un temps de l'agrégation des différents comportements.

Comportements individuels. Au niveau individuel, l'agent décide de la répartition de sa richesse financière entre deux grandes composantes : les placements sur le marché des titres, ou la conservation de sa richesse sous forme monétaire. Le taux d'intérêt règle cet arbitrage. Plus précisément, il s'agit pour un agent qui veut bien affecter sa richesse de prévoir les évolutions futures du taux d'intérêt :

– une augmentation du taux d'intérêt, en attirant les capitaux sur des placements nouveaux, entraînera mécaniquement une décote du marché des titres (anciens). Il vaudrait mieux dans une telle éventualité ne pas avoir de titres en sa possession ;

– au contraire, une baisse du taux d'intérêt correspondra à une surcote du marché des titres. Il faudrait alors préalablement détenir l'ensemble de sa richesse sous cette forme.

L'activité de demande de monnaie est désormais éminemment spéculative : si un agent s'attend à une évolution à la hausse du taux d'intérêt, il choisit de *rester liquide* (c'est-à-dire, conserver sa richesse sous forme monétaire) *de manière à éviter la décote des titres, et à profiter plus tard de cours plus attractifs*. Au niveau individuel, l'anticipation des variations futures du taux d'intérêt s'avère ainsi déterminante pour le comportement d'encaisse.

Agrégation des comportements. Or, cette anticipation peut être plus ou moins variable selon le degré de pusillanimité des agents : le niveau *seuil*, qui renverse la décision entre monnaie ou placement en titres, dépendra donc d'un « tempérament » propre aux individus supposés divers et hétérogènes (l'expression « tempérament » est de Keynes). On en arrive à l'agrégation des comportements, second temps de notre analyse. Imaginons que comme dans le graphique ci-dessous, l'on range les agents en fonction de leur *niveau de pusillanimité* (les agents 1 sont les plus craintifs, les agents 5 les moins craintifs).

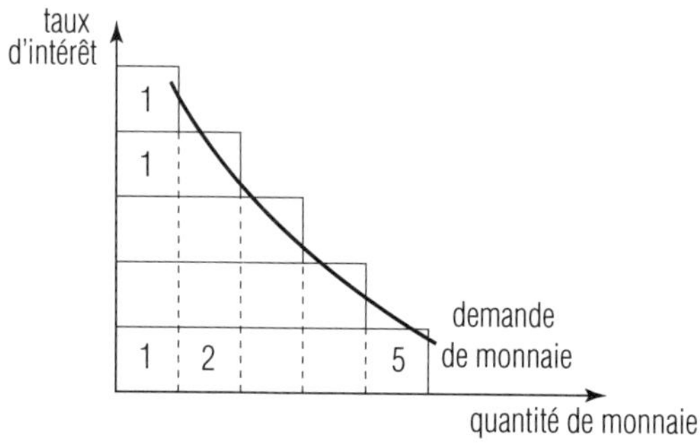

Un taux d'intérêt très faible (en ordonnée) fait l'unanimité, la liquidité est préférée par tous : ici, les agents ne peuvent qu'anticiper une hausse du taux, et donc, une baisse des cours :

la demande de monnaie est à son maximum (en abscisse, elle totalise l'ensemble des demandes des différents groupes d'agents). Néanmoins au fur et à mesure que le taux d'intérêt augmente, on va assister à la conversion des agents (les moins pusillanimes, d'abord) aux placements en titres : comme dessiné sur le schéma, la détention de monnaie finit pour des taux d'intérêt élevés par se limiter aux agents les plus craintifs. La demande de monnaie et le taux d'intérêt peut donc être représentée suit : pour des taux faibles, la demande de monnaie est maximum. Pour les taux élevés, seuls les agents les plus pusillanimes conservent leur richesse sous forme liquide. *On établit ainsi la relation continue décroissante entre taux d'intérêt et demande de monnaie.*

La liquidité et les taux d'intérêt spécifiques : une théorie générale de la détention des richesses durables

La monnaie, sa détention par les agents a donc essentiellement à voir avec l'incertitude. Chez Keynes, on pourrait dire que l'incertitude se cristallise dans la monnaie jusqu'à s'identifier l'une à l'autre. L'intérêt de la monnaie, à cet égard, c'est sa *liquidité.* La liquidité se rapporte *à la possibilité et à la rapidité* de transférer sa richesse d'un type de biens vers un autre, ceci afin de se protéger contre les aléas survenant dans la valeur réelle de ces biens. On comprend bien le lien établi entre monnaie et incertitude : la monnaie étant le bien le plus liquide, c'est vers cet actif que les agents se tournent lorsqu'ils ont peur. *La préférence pour la liquidité* devient simplement la forme concrète du caractère craintif des individus.

Le principe de liquidité fait d'ailleurs l'objet de considérations plus générales sur une « théorie de la détention des richesses durables » — les articles de P. Levy (1989) exploitent cette piste de généralisation des travaux keynésiens. Dans le chapitre 17 de la *Théorie générale*, Keynes jette les bases de celle-ci ; il distingue « trois attributs que les différents types de richesses durables possèdent à des degrés divers » :

– le rendement brut q d'une richesse, estimé en pourcentage, correspond pour un bien capital au service physique qu'il rend (à sa productivité marginale) ; pour un bien consommable, à son utilité marginale directe ;

– le coût de conservation c renvoie, en proportion, aux dépenses qu'il faut envisager pour maintenir cette richesse durable en l'état (les coûts d'entretien d'un capital, par exemple) ;

– la prime de liquidité l est, elle, directement liée à l'incertitude : elle représente le montant que les agents sont prêts à payer (en pourcentage du bien détenu) pour pouvoir disposer certainement, c'est-à-dire immédiatement et sans contrainte, de cette richesse durable.

Les trois concepts q, c, l étant définis, Keynes peut procéder à une nouvelle proposition. Le taux d'intérêt spécifique de chaque bien ou type de richesse durable s'écrit :

taux d'intérêt spécifique = q – c + l.

Chaque type de richesse reçoit donc une évaluation de son intérêt spécifique, ou encore, du *service anticipé qu'il va rendre à son propriétaire*. Comme on le voit, Keynes veut *corriger* l'évaluation traditionnellement faite du rendement brut d'un actif q par deux variables : la variable c, de sens commun, et surtout, la variable l, qui résulte de la nature profondément incertaine des économies. Certains biens présentent la caractéristique d'une forte liquidité ; le service rendu (et donc la prime l) est élevé, car — potentiellement — leur détention protège de l'incertitude. À l'inverse, d'autres biens sont plus immobiles : ils exposent leur propriétaire à des pertes en capital liées à la conjoncture, leur prime de liquidité est faible.

Ici on résout une énigme de la théorie économique : pourquoi la monnaie — dont la rentabilité apparente est nulle — serait-elle malgré tout demandée pour elle-même ? La réponse est immédiate : sa faible rentabilité directe (faible q) est compensée par un service de liquidité particulièrement élevé (l fort). La monnaie peut donc être préférée à un autre actif plus rémunérateur ! Keynes précise que les agents arbitrent, en fonction des taux d'intérêt spécifiques, afin de sélectionner leurs différents placements. Les taux doivent logiquement s'égaliser : tant que le taux spécifique d'un bien est supérieur, les placements sont attirés par le bien… jusqu'à ce que son taux diminue (rendement — ou utilité — marginal décroissant). Ainsi, à l'équilibre, les taux sont identiques : le taux d'intérêt de la monnaie sera donc nécessairement égal aux autres taux spécifiques.

Appliquée aux entreprises, on dispose ainsi de l'explication keynésienne de l'égalité entre *l'efficacité marginale du capital* (e.m.c.) et le taux d'intérêt. L'e.m.c., c'est le *taux d'intérêt spécifique du capital* : son rendement brut estimé, corrigé de son coût d'entretien et de sa prime de liquidité (faible). Le taux d'intérêt spécifique de la monnaie, c'est le *taux d'intérêt standard* (celui auquel on emprunte l'unité monétaire). La rationalité de gestion des entreprises — qui arbitrent entre détention de monnaie et investissements réels — fait qu'elles investiront *jusqu'à ce que l'efficacité marginale du capital s'égalise au taux d'intérêt*, le niveau du taux d'intérêt de la monnaie fixant alors logiquement un palier pour l'e.m.c. Graphiquement, on aura :

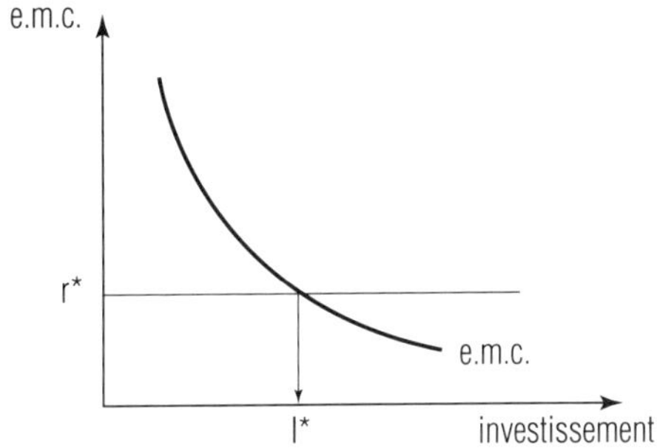

Techniquement, comme on le voit sur le graphique, le taux d'intérêt de la monnaie (en ordonnée) forme une sorte de seuil incompressible pour l'e.m.c. ; puis (en abscisse), ce seuil se reporte sur les choix réels : *la faiblesse de l'investissement traduit alors directement l'incertitude vécue sur le capital, la sur-évaluation du taux d'intérêt, et la préférence pour la liquidité qui lui correspond.* Quoi de plus dangereux en effet que les placements en capital productif (foncièrement immobiles), surtout lorsque les débouchés sont incertains ?

Ainsi les entreprises sont-elles aussi fondamentalement affectées par l'incertitude lorsqu'elles choisissent entre liquidité et investissement. Pour être plus explicite, Keynes introduira d'ailleurs un motif *professionnel* de demande de monnaie, dit aussi *motif de finance* (ce motif sera exploité plus largement dans les chapitres suivants de notre ouvrage : on peut se reporter à l'indexe pour le détail des pages). Concrètement, c'est dans les modalités de la gestion financière de l'entreprise, et *par la forme du financement de l'investissement* (sur fonds propres, par endettement), que ce choix apparaît, et pourra être interprété comme un indicateur de bonne santé psychologique des entreprises : optimisme, ou bien pessimisme. Moins les entreprises sont prêtes à s'endetter (à recourir au crédit bancaire), plus elles manifestent une relative préférence pour la liquidité et (donc) une crainte à l'égard de la conjoncture. Les ratios d'endettement élevés des entreprises sont alors considérés comme des signaux d'optimisme des entrepreneurs ; et non, tel qu'on pourrait le croire, comme des indicateurs de mauvaise santé des entreprises.

3. Retour au schéma causal : incertitude et hydraulisme ou comment représenter une chose et son contraire…

Le substrat fondamental du sous-investissement, c'est l'incertitude et la préférence pour la liquidité. Tel est le message du schéma causal keynésien. Le raisonnement qui précède est susceptible d'être représenté par une série de graphiques, série qui permet de bien comprendre l'enchaînement des causalités. Néanmoins, l'aspect purement mécanique des relations devra être discuté.

Un résumé hydraulique du schéma causal keynésien

De l'équilibre sur le marché de la monnaie à l'équilibre global (macroéconomique), les trois graphiques ci-contre résument les enchaînements. La juxtaposition de ces trois graphiques est due à Samuelson. À ce niveau de l'exposé, elle est préférable à IS-LM, qui (on le verra) constitue une représentation alternative de la *Théorie générale*. Par rapport à IS-LM, cette vision présente un intérêt : elle préserve le sens des causalités qu'a voulu donner Keynes à ses propos, du marché de la monnaie au niveau de l'emploi. En amont, le graphique de droite présente le résultat d'une confrontation entre la demande de monnaie (telle qu'elle a été préalablement établie), et la quantité de monnaie en circulation supposée exogène, c'est-à-dire, décidée librement par l'autorité monétaire. Le graphique du centre a été justifié dans la section 2 (p. 94-95). En aval, le graphique de gauche est entièrement nouveau ; il doit être expliqué.

Le graphique à 45° est l'expression simplifiée, quantitative, du principe de demande effective, qui, on le sait, détermine le niveau global d'activité. D'un raisonnement en terme de *prix*

Le schéma causal keynésien : un résumé hydraulique

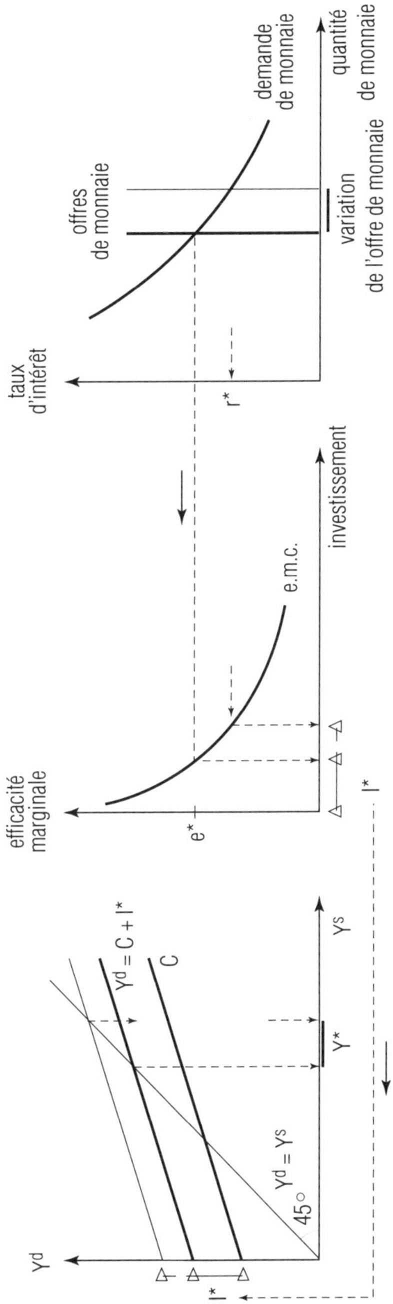

d'offre et de produit, on est passé à un raisonnement en terme de *quantités* produites et demandées. Autant dire qu'on a perdu la finesse d'analyse de Keynes, qui lui s'intéressait aussi au niveau général des prix. Néanmoins, on conserve un aspect central du raisonnement de Keynes : l'offre de produit *n'est mise en œuvre que dans la mesure où, dans l'esprit des entrepreneurs, il existe un débouché pour celle-ci.* Graphiquement, cette hypothèse se traduit par la détermination de l'équilibre *le long de la bissectrice* (sur la droite à 45°), qui marque l'ensemble des points tels que l'offre Y^s est égale à la demande Y^d estimée.

Reste à calculer la demande elle-même. La demande globale est l'addition de deux grandes composantes : l'investissement et la consommation. Les déterminants de l'investissement sont traités en amont par les deux autres graphiques. La consommation est restée jusqu'ici le parent pauvre de notre exposé. Au huitième chapitre de la *Théorie générale,* Keynes a donné les grandes lignes de la fonction de consommation macroéconomique : « [...] en moyenne et la plupart du temps les hommes tendent à accroître leur consommation à mesure que le revenu croît, mais non d'une quantité aussi grande que l'accroissement de revenu. » (*Théorie générale*, Payot, p. 117). Cette « loi psychologique fondamentale », des termes mêmes de Keynes, prend la forme mathématique suivante :

$$C = f(Y), \text{ avec } \quad 0 < \frac{\partial C}{\partial Y} < 1$$

Il existe une propension à consommer le revenu. La propension marginale à consommer (la dérivée mathématique de la consommation par rapport au revenu) est positive, mais inférieure à 1. Plus les sociétés sont riches, plus elle consomment, mais la part du revenu qui est consacrée à la consommation tend à décroître avec le niveau de revenu. (Cette relation justifie l'intérêt porté par Keynes à l'investissement : encore une fois, puisque la propension à consommer tend à décroître, c'est ailleurs qu'il faudra rechercher le dynamisme de l'économie...). Pour simplifier, on considérera que la fonction linéaire suivante peut convenir comme fonction de consommation keynésienne :

$$C = cY + C_0 \text{ avec } \quad 0 < c < 1 \,;\, C_0 > 0.$$

Cette fonction de consommation correspond à celle qui a été tracée dans le diagramme à 45°.

Est-il nécessaire de commenter maintenant l'enchaînement des graphiques ? Le mieux pour le lecteur est sans aucun doute de jouer lui-même avec les différentes relations de manière à se convaincre de cette vision — simplifiée mais néanmoins pénétrante — des grandes causalités keynésiennes. Pour l'aider, nous avons cependant voulu introduire une première variation : celle de la quantité de monnaie mise en circulation. De manière quasi-mécanique, les causalité s'enchaînent : l'impulsion monétaire provoque une baisse du taux d'intérêt... qui entraîne une hausse de l'investissement... qui se traduit finalement par une élévation du produit global, et donc, du niveau de l'emploi ! Tel est l'enchaînement auquel conduisent les interprétations les plus hydrauliques de la *Théorie générale* (d'après l'expression de Coddington).

L'incertitude dans le schéma causal : de la coupe aux lèvres ou les insuffisances de l'hydraulisme

Cependant, Keynes lui même tient à mettre en garde contre des interprétations par trop mécaniques de son schéma causal : « Ainsi, la monnaie se trouve introduite pour la première fois dans notre chaîne de relations causales, et nous pouvons nous faire une première idée de la façon dont les variations de la quantité de monnaie interviennent dans le système économique. Mais, si nous sommes tentés de voir dans la monnaie un élixir qui stimule l'activité du système, rappelons-nous qu'il peut y avoir plusieurs obstacles entre la coupe et les lèvres. » (*Théorie générale*, Payot, p. 186).

Ces fameux obstacles auxquels Keynes fait référence tiennent en quelques mots : *ils sont liés à la nature extrêmement instable des comportements humains en situation d'incertitude*. Entendons-nous bien cependant, l'incertitude ne vient pas seulement jouer un rôle négatif, destructeur, du système causal présenté par Samuelson. Au contraire, la construction des enchaînements eux-mêmes est tout entière relative à l'incertitude, sans cette dernière, ils n'existeraient pas. Par exemple, une incertitude sur l'évolution des marchés financiers constitue, on l'a vu, une condition nécessaire à l'existence d'une demande de monnaie (pour motif de spéculation), une condition nécessaire par conséquent à l'existence même d'un taux d'intérêt déterminé par la causalité monétaire (comme au graphique de droite, page 97). *Néanmoins, tout en étant constitutive du raisonnement, l'incertitude affaiblit la nature mécanique des relations causales.* Voyons les points qui font problème.

Chacun des schémas repose sur une anticipation : anticipation de l'évolution des taux d'intérêt qui détermine la demande de monnaie pour le schéma de droite ; anticipation du rendement final du capital (e.m.c.) pour le schéma central ; anticipation de la demande effective pour le diagramme à 45°. La stabilité des courbes, leur emplacement dans le graphique, dépend donc d'une hypothèse centrale : *une régularité de l'état de confiance des agents à l'égard des évolutions conjoncturelles.* Évidemment, le réalisme d'une telle hypothèse est discutable (le lecteur suivra mieux cette discussion en se reportant aux trois graphiques qui viennent d'être présentés page 97) :

– graphique de droite : une dégradation des anticipations à l'égard par exemple de l'évolution des taux d'intérêt aura pour effet d'augmenter la demande de monnaie pour motif de spéculation. Ainsi, avec un déplacement (vers le haut) de la demande de monnaie, l'impulsion monétaire se voit neutralisée dès l'origine de son impact espéré ;

– graphique du centre : une dégradation des anticipations des entrepreneurs sur la rentabilité du capital va modifier l'emplacement de la courbe e.m.c. (à la baisse), et risque de neutraliser l'effet théoriquement bénéfique de la baisse du taux d'intérêt ;

– graphique de gauche : l'estimation de la demande effective par les entrepreneurs revêt de même un caractère psychologique, voilée par l'utilisation de la droite à 45° (qui donne un tour très mécaniste au raisonnement). L'efficacité de l'impulsion monétaire reste ainsi conditionnée par la traduction des anticipations *collectives* des entrepreneurs en une augmentation *effective* du revenu ;

– en outre, au bout du compte, lorsque la hausse du revenu global a bien lieu, il existe une rétroaction négative de celle-ci sur le tout premier enchaînement : la demande de monnaie pour motif de transaction augmente, ce qui atténue l'impact de l'impulsion initiale (cet effet, appelé *frein monétaire* est plus facilement envisageable dans le cadre IS-LM, nous y reviendrons).

L'effet d'une impulsion monétaire est donc conditionné par une série d'hypothèses portant principalement sur l'état psychologique des agents, ceci nous amène à deux réflexions. D'abord, on comprend mieux l'attachement de Keynes à une action *directe* sur le volume de l'investissement, plutôt qu'une action *indirecte* par la politique monétaire. Une politique de grands travaux, une véritable socialisation de l'investissement, présentent l'avantage d'éviter la série de conditions qu'exige l'action sur l'investissement privé par les taux d'intérêt (conditions que nous venons de voir) : l'effet est *immédiat*, au sens propre. Ensuite, la remarque sur la nécessaire stabilité de l'état de confiance met bien en évidence la nature extrêmement délicate et subjective de la réussite d'une politique économique. Lorsque les agents sont globalement optimistes à l'égard des effets d'une politique économique, le niveau de confiance augmente, les courbes se déplacent favorablement (la demande de monnaie diminue, l'e.m.c. augmente) et la mécanique de la politique monétaire se vérifie, aidée qu'elle est par l'esprit coopératif des agents. Au contraire si la politique est mal perçue, l'angoisse est telle que la liquidité est préférée à tout autre placement ; l'impulsion monétaire ne sert alors qu'à valider le pessimisme des agents et à leur fournir de nouvelles encaisses : la demande de monnaie et le taux d'intérêt — qui mesurent l'anxiété des agents — restent importants et interdisent tout espoir de relance.

Autrement dit, la réussite d'une politique de relance keynésienne exige avant tout l'adhésion massive du public pour qui elle est destinée.

On retrouve là encore l'aspect *autoréalisateur* et *autoréférentiel* des anticipations économiques : si les agents croient massivement à la politique keynésienne, elle sera efficace ; si, collectivement, ils n'y croient pas, elle échouera. C'est au chapitre 12 de sa *Théorie générale* que Keynes expose le plus largement ces idées, comme une posture générale des agents à l'égard de l'incertitude. Tout repose finalement sur la *convention* qu'établissent les agents à l'égard de l'évolution de la conjoncture. Une convention pessimiste incite les agents à la liquidité : le taux d'intérêt reste élevé, en dépit de toutes les tentatives « mécanistes » pour le réduire. Une convention optimiste au contraire facilitera la vérification du schéma, dont les propriétés hydrauliques seront conservées. Jean Arrous résume précisément cette position : « En règle générale, l'état de la prévision à long terme reste constant, du fait du maintien de la convention (optimiste), et c'est de là que l'approche hydraulique tire sa justification. Dans les conditions fixées par cette approche, on peut raisonner sur des agrégats, stables par hypothèse, et conduire une analyse mécaniste et pleinement déterministe du fonctionnement global du système économique. Mais, l'état de la confiance, qui gouverne l'investissement, repose sur des données extrêmement volatiles [...] : de ce fait, l'investissement, même à un niveau global, reste d'une capricieuse instabilité. Or dès l'instant que le doute s'introduit, les difficultés liées à l'incertitude resurgissent avec vigueur, et l'impossibilité d'un calcul mathématique servant de guide à un comportement rationnel rend plus problématique encore l'élimination de ce doute. » (« Keynes et les probabilités, un aspect du fondamentalisme keynésien », *Revue économique*, vol. 33, 1982, pp. 839-861).

Conclusion du chapitre : vers l'action

La *Théorie générale* a été brièvement résumée : elle tient en un schéma, celui de la page 97 de notre livre. Mais, elle contient en même temps l'invalidation de ce schéma (l'incertitude !). Ce paradoxe montre bien, s'il en était encore besoin, la complexité de l'œuvre de Keynes, ses contradictions parfois. La *Théorie générale* permet en effet de multiples interprétations, toutes plus ou moins valides selon l'angle de lecture, selon l'objectif. Ici, deux grands axes de lecture ont été relevés : la distorsion sur la marché du travail et la nécessité d'adopter une démarche d'équilibre général plutôt que partiel dans l'analyse du chômage ; le rôle de l'incertitude qui perturbe l'essentiel des relations économiques et attribue une fonction spéciale à la monnaie, basée sur sa liquidité.

Néanmoins, au-delà des querelles de spécialistes, il est important de retenir le fond du message keynésien. Le dénominateur commun des différentes analyses, personne ne le conteste, c'est le refus d'une fatalité : celle du chômage. L'ambition de Keynes et, donc, le propos principal de la *Théorie générale* résident dans l'effort de construction d'un cadre d'analyse adapté *pour la politique économique*. La macroéconomie de Keynes et les extensions qui en ont immédiatement résulté doivent donc faire l'objet de développements précis. C'est l'objectif du prochain chapitre.

Chapitre 5

La *Théorie générale* (II) : la macroéconomie

Le test de validité le plus important pour la théorie de Keynes tient, sans aucun doute, dans son aptitude à fournir des instruments efficaces pour la résorption du chômage. La macroéconomie, comme guide de politique économique, constituera par conséquent l'extension la plus immédiate de la *Théorie générale*. Il s'agit de montrer ici comment la théorie keynésienne peut être utilisée comme un instrument d'action sur le cycle économique et sur son résultat, le chômage keynésien.

En ce qui concerne les cycles macroéconomiques, le taux d'intérêt apparaît comme la variable centrale. D'autres auteurs (Wicksell, Hayek, Robertson) ont déjà largement insisté sur cette variable : ils servent de précurseurs, puis de contradicteurs directs, à Keynes. Ce dernier renouvelle néanmoins considérablement l'analyse en subordonnant l'ajustement épargne-investissement à un autre mécanisme (différent des variations du taux d'intérêt) : le multiplicateur, qui pose l'antériorité de l'investissement sur l'épargne. Différentes variantes du multiplicateur seront d'ailleurs analysées, pour l'intérêt qu'elles présentent dans la compréhension de la *Théorie générale*.

Section 1. Le taux d'intérêt au centre de l'analyse macroéconomique

La macroéconomie de Keynes s'est révélée extrêmement féconde : de fait, elle a lancé une nouvelle discipline au sein de l'Économie (la macroéconomie, justement). Néanmoins, la démarche de Keynes n'est pas nouvelle : Wicksell (1851-1926) d'abord, puis Hayek (1899-1993) et Robertson (1890-1963) se sont consacrés à l'analyse des fluctuations conjoncturelles, et de leurs relations avec le taux d'intérêt. Cette section fait un rapide retour sur ces auteurs. Ici, la démarche est différente de celle adoptée au chapitre II (les approches de Marshall et Walras) : il ne s'agit plus de faire un état objectif de la pensée économique, mais simplement de faire apparaître deux auteurs bien particuliers, Wicksell et Hayek, comme les « miroirs » d'une pensée en devenir, celle de Keynes.

1. Knut Wicksell

Les *Lectures* de Wicksell parues en 1906 sont souvent présentées comme un travail plein d'intuitions, dans lesquelles Keynes serait venu puiser, en partie au moins, la matière de la *Théorie générale*. Les interrogations sont communes, d'accord, mais les réponses sont différentes. Wicksell est un économiste classique : il est fondamentalement opposé à l'idée d'une influence durable de la monnaie sur le niveau réel d'activité.

Le cycle chez Wicksell : description

Pour des raisons pédagogiques, cette présentation du cycle wicksellien utilise les outils contemporains de l'analyse économique : graphiques, outils mathématiques, etc. Wicksell propose une explication des cycles par un désajustement entre un *taux d'intérêt effectif* (ou *monétaire*) et un *taux d'intérêt naturel*. Ce désajustement a par ailleurs la particularité de s'aggraver. Graphiquement, l'écart des taux prend la forme d'un déséquilibre du marché financier :

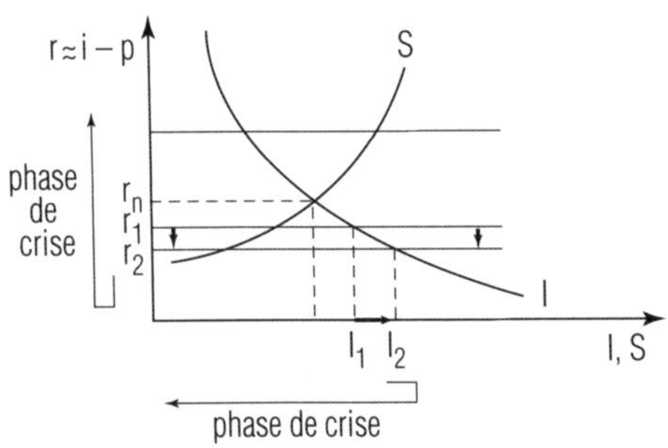

La détermination d'un taux d'intérêt réel effectif r_1 inférieur à sa valeur d'équilibre (le taux naturel : r_n) correspond — on peut l'observer sur le graphique — à un investissement relativement élevé : les crédits distribués par les banques sont peu coûteux, les entreprises recourent abondamment à ces crédits. La partie croissante du cycle commence. En même temps, l'investissement, qui se traduit par une demande additionnelle de biens (facteurs travail, matières premières, machines, etc.), va avoir tendance à peser sur le niveau général prix : l'inflation apparaît par excès de demande globale. Mais, alors, cette hausse du niveau général de prix va comporter un effet supplémentaire : le taux d'intérêt réel r diminue encore plus ($r \approx i - p$, par augmentation du déflateur p, et en supposant que le taux d'intérêt nominal i reste constant). L'histoire recommence en r_2... avec une nouvelle hausse du crédit, puis de l'inflation. La phase croissante du cycle s'auto-entretient, accroissant le déséquilibre I – S.

Néanmoins, Wicksell envisage un terme à ce mécanisme cumulatif : il a trait à la rareté de l'épargne des ménages et au financement insuffisant de l'investissement. Les organismes de crédit voient en effet leur rapport entre les crédits consentis et les dépôts reçus diminuer considérablement. La situation financière des banques devient dangereuse, du fait du non-respect d'un seuil critique entre leurs ressources stables et leurs emplois. Elles sont incitées dès lors à réviser la valeur du taux d'intérêt nominal i de manière à décourager les crédits, et surtout, à attirer les dépôts (les flèches d'inversion symbolisent ce retournement). Ainsi, sous le coup d'une modification brusque du taux d'intérêt nominal, r se rapproche de r_n (voire le dépasse). L'investissement diminue. Le cycle s'interrompt (voire s'inverse). L'économie entre en crise.

Le cycle chez Wicksell : commentaires

Le cycle wicksellien est très proche du cycle keynésien décrit dans le *Traité de la monnaie*, on l'aura remarqué. Quelques réflexions vont néanmoins s'ajouter à celles déjà faites.

Chez Wicksell, la phase croissante du cycle peut persister : elle est cumulative. L'inflation, loin de corriger immédiatement le déséquilibre, l'entretient. Fondamentalement, la théorie économique contemporaine distingue deux effets opposés concernant l'inflation : l'*effet d'encaisses réelles* qui est globalement stabilisateur puisque, face à une hausse des prix, les agents réduisent l'excès de demande en reconstituant leur *encaisses* ; et un *effet fuite devant la monnaie* qui, lui, est aggravant. L'*effet fuite devant la monnaie* indique que, pour certaines configurations psychologiques, les agents vont préférer se dessaisir rapidement de leurs encaisses monétaires afin de se protéger de la perte de valeur réelle de la monnaie (il vaut mieux acheter tout de suite les marchandises plutôt qu'attendre les hausses de prix). Les agents vont alors massivement participer à la demande globale ; et, entretenir encore l'inflation ! De fait, dans sa théorie du cycle, Wicksell nous présente une vision proche de l'*effet fuite devant la monnaie* : le déséquilibre est cumulatif. Simplement, Wicksell applique le mécanisme au comportement d'investissement des entreprises.

Les analyses de Wicksell sont présentées comme les premières intuitions d'une *théorie du déséquilibre*. Les prix sont *faux*. Manifestement, le taux d'intérêt effectif, différent du taux naturel, est « faux » ! Il n'y a pas de commissaire priseur pour indiquer aux banques le bon taux d'intérêt, celui qui équilibre *a priori* le marché des capitaux. C'est ce désajustement entre taux d'intérêt effectif et taux d'intérêt d'équilibre (ou *naturel*) qui, justement, cause le cycle. De plus, les interactions entre les différents marchés sont perçues : la perspective est walrasienne (contrairement d'ailleurs à notre représentation graphique, qui, en se limitant à un seul marché pourrait faire croire à une perspective partielle) ; le déséquilibre sur le marché global des biens et services se reporte, via l'inflation, sur le taux d'intérêt réel et le marché des capitaux : le déséquilibre initial en est d'ailleurs aggravé.

Malgré tout, Wicksell n'est pas Keynes : son attention portée à la monnaie et au taux d'intérêt ne le conduira pas à remettre en question la théorie classique. Notamment, l'inéluctabilité du retournement cyclique, lié à l'équilibre bancaire et à la révision du taux d'intérêt nominal, montre bien qu'il adhère finalement au principe de la *neutralité* à long terme des phénomènes monétaires. Wicksell est proche du Keynes du *Traité de la monnaie*, mais loin de celui de la *Théorie générale*.

2. Friedrich von Hayek

Hayek joue un rôle parallèle à celui de Wicksell. Ses interrogations se situent dans la même ligne que celles de Keynes, mais ses réponses restent fondamentalement différentes. L'œuvre de

Hayek est néanmoins beaucoup plus contemporaine : accueilli à Cambridge à la fin des années vingt, Hayek sera un contradicteur direct de Keynes. Ce dernier avoue d'ailleurs son plaisir à polémiquer avec Hayek, pour qui il a une grande estime. L'ouvrage où cette confrontation se manifeste de la manière la plus évidente est *Prix et Production*, publié en 1931, c'est-à-dire juste à la charnière du *Traité de la monnaie* et de la *Théorie générale*.

La théorie autrichienne du capital et l'effet d'accordéon

Hayek, d'origine autrichienne et formé à Vienne, reprend les thèses des figures les plus dominantes de l'école viennoise : Menger et Böhm-Bawerk. Le capital est un *détour de production*. La formation d'un capital (de machines, d'outils, de bâtiments) correspond fondamentalement à un détour d'affectation des ressources primaires, du secteur des biens de consommation, vers les secteurs producteurs de biens capitaux. Il s'agit de créer une accumulation de bien productif, afin, dans le futur, de consommer plus, et avec moins d'effort. Plus les détours sont nombreux, plus l'économie finit par être productive : on transforme d'abord les ressources primaires en produits industriels (le charbon et le minerai de fer, en acier), puis en machines (des chaînes de montage), puis en biens consommables (des voitures), etc. Certaines économies se caractérisent par trois détours, d'autres par dix.

L'investissement au-delà du simple remplacement des machines, c'est-à-dire, l'investissement net consiste à créer un nouveau détour. C'est dans cette perspective que Hayek conçoit son *effet d'accordéon*. La structure productive d'une économie peut être représentée par une pyramide correspondant au nombre de détours effectués, en partant des biens primaires (tout en haut) vers les biens de consommation (la base). Imaginons, avec Hayek, qu'à la suite d'une impulsion monétaire publique, le taux d'intérêt diminue. Comme chez Wicksell, les marges des entreprises augmentent, les entrepreneurs sont incités à investir. Le nombre de détours passe à un chiffre supérieur ; la pyramide s'étire comme indiqué sur le graphique page suivante.

Or, comme on le constate, la base de la pyramide (II) est nécessairement plus étroite à l'issue de l'étirement. Chez Hayek,

L'accordéon de F. Hayek

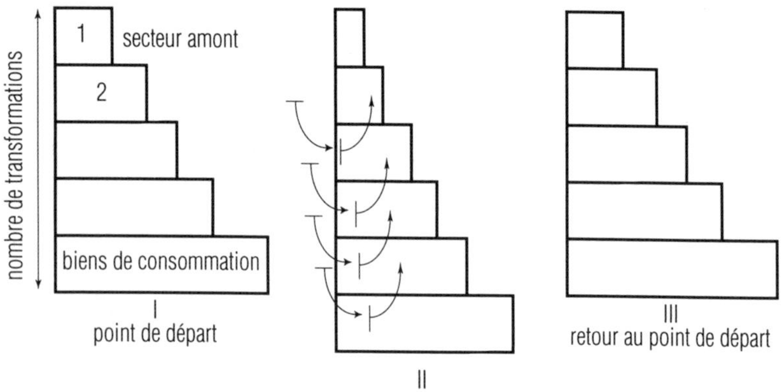

il y a en effet rivalité entre les secteurs sur l'obtention du montant des ressources productives : l'aire de la pyramide étant constante (l'emploi des facteurs est constant), *donner plus à un secteur (en amont) réduit forcément la part de l'autre (en aval).* Autrement dit, à court terme, l'adoption d'un nouveau détour réduit le montant des biens destinés à la consommation. C'est justement à partir de là que le bât blesse !

La réduction des biens de consommation disponibles va-t-elle être acceptée par les consommateurs ? *A priori*, non ! L'activité productive et les emplois sont toujours du même niveau, les revenus et la demande de biens de consommation n'ont pas changé ; à moins d'une modification parallèle et miraculeuse de l'impatience à consommer des agents, *on doit donc s'attendre à un excès de demande* (i.e. *une pénurie d'offre) sur les marchés des biens finals*. Ces tensions entraînent à leur tour des hausses de prix à la consommation, qui sont très rapidement répercutées sur les coûts des facteurs, principalement les salaires (les salariés veulent maintenir leur pouvoir d'achat). Dès lors, les investisseurs sont contraints de refaire leurs calculs de profit. Les entrepreneurs en amont, ceux en haut de la pyramide, voient le prix relatif de leur production diminuer (par rapport au prix des biens de consommation et au salaire) : ils réalisent que ce détour n'était pas rentable. L'investissement cesse, la pyramide se contracte : la crise se propage dans les différents stades de production. On revient au point de départ.

L'effet d'accordéon : commentaires

Les phases successives d'étirement, puis de contraction de la pyramide forment un *effet d'accordéon, (concertina effect),* selon l'expression de Kaldor. Il y a là une analyse originale du cycle macroéconomique, qui mérite plusieurs commentaires.

Hayek nous propose d'abord, il faut le noter, une théorie de la propagation d'un choc monétaire sur le réel. À court terme, dans la phase ascendante du cycle, les manipulations monétaires déforment la structure productive, elles créent *réellement* un nouveau stade, qui approfondit la pyramide. De même, dans la phase de contraction, les effets sont bien réels eux aussi : la crise touchant les différents stades se manifeste par un déclassement des équipements, des fermetures d'usines, etc. Tout ceci prend du temps, le retour à la situation initiale est long et coûteux, en termes humains surtout. Chez Hayek, donc, la monnaie n'est pas tout à fait aussi neutre que dans la théorie néoclassique traditionnelle. La conclusion néanmoins est commune : il faut absolument éviter les manipulations monétaires, qui brouillent les signaux (sur le taux d'intérêt) et créent des perturbations coûteuses (!) de la structure productive.

Fondamentalement, en effet, Hayek nous présente la théorie d'un cycle macroéconomique lié à un défaut de coordination de deux décisions : les décisions d'épargne et celles d'investissement ; c'est normalement au taux d'intérêt d'assurer cette coordination. Le désajustement du taux, sous une impulsion monétaire gouvernementale, envoie un mauvais signal : investir. Mais cette décision n'est pas acceptée et validée socialement : la capacité d'épargne des ménages, c'est-à-dire, leur capacité à accepter un nouveau détour de production (et donc à se priver d'une consommation immédiate) n'a pas été modifiée. Les décisions d'investissement, prises par les entrepreneurs, s'avèrent globalement incompatibles avec les décisions d'épargne, prises par les ménages : il y a déséquilibre. Telle est la raison de la hausse des prix des biens de consommation ; telle est la raison de la crise et de l'inefficacité de la relance monétaire.

Keynes, on le sait, ne partagera pas ce point de vue. La nouveauté exploitée par Keynes, qui remet en cause les raisonnements classiques ou hayékiens, réside dans une conception originale de l'ajustement de l'épargne à l'investissement. Nous allons l'étudier.

3. Conclusion : l'épargne préalable et l'épargne *a posteriori*

Dans leur conception du cycle, Wicksell et Hayek révèlent une vision commune de l'économie. Cette vision commune, caractéristique de la théorie classique depuis (au moins) Ricardo tient en deux mots : *l'épargne préalable.* C'est cette conception ancienne que Keynes va justement contester.

L'épargne préalable : principes et contestations

Le principe de l'épargne préalable se résume ainsi : le montant de l'épargne est donné *avant* la détermination de l'équilibre global (par la disponibilité des agents à épargner) et les variations du niveau d'investissement viennent buter sur ce montant. Chez Hayek, l'excès d'investissement sur l'épargne provoque l'inflation et la crise via une pénurie (symétrique) des biens de consommation, on vient de le montrer. Chez Wicksell, le mécanisme repose plus directement sur les modalités concrètes du financement de l'investissement ; c'est au sein des bilans bancaires que se manifeste le désajustement : la rareté des dépôts par rapport aux engagements (crédits consentis aux entreprises) finit par inquiéter les banquiers, et les conduire à une élévation du taux d'intérêt monétaire. Dans les deux cas néanmoins, le cycle doit nécessairement s'inverser *par saturation de la disponibilité sociale de fonds prêtables.* D'après une expression de Robertson, la phase d'expansion prend fin car « on ne peut pas faire boire un cheval qui n'a pas soif ».

Keynes va contester cette position. L'opérateur de cette contestation prendra un nom bien connu : le multiplicateur, ou encore, pour reprendre la métaphore : la soif vient en buvant. Mis au point par Kahn en 1931, le multiplicateur montre les limites du raisonnement en termes d'épargne préalable. De fait, il décrit le mécanisme qui conduit l'épargne à s'ajuster *a posteriori* à un investissement (devenu à son tour préalable), *renversant en quelque sorte la causalité des deux variables : de S vers I, à I vers S.* La seconde section du chapitre détaille ce mécanisme. Pour fixer les idées, mais en retenant bien que le graphique suivant est susceptible de discussions, *le multiplicateur décrit la translation de la fonction S* jusqu'à sa parfaite coïncidence avec le niveau d'investissement, éventuellement déterminé par un taux d'intérêt rigide.

On aura :

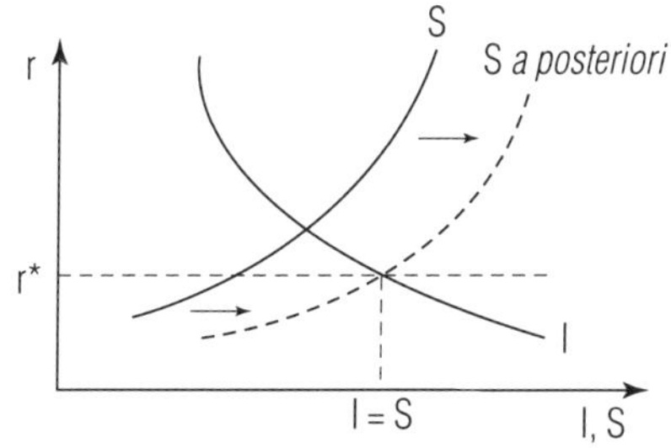

La raison de cette translation, c'est l'augmentation du revenu. Dès lors qu'on ne se situe plus au plein emploi des facteurs, en effet, des variations du revenu réel sont possibles. Dans une perspective d'interaction générale des marchés, elles interdisent alors de raisonner *à emplacement des courbes constant* : les courbes s'ajustent... en lieu et place d'une variation du taux d'intérêt.

Questions de sémantique : égalité ou identité I-S ? Vers une économie de la dépense

Avec cette définition *a posteriori* de l'épargne plutôt que *préalable*, nous touchons là, en tant que lecteur de Keynes, un des points les plus délicats des exégèses de la *Théorie générale*. Ces termes ont été choisis pour leur neutralité théorique : ils sont préférés à *ex-ante* (avant l'équilibre) et *ex-post* (après l'équilibre). Ils sont néanmoins tout autant discutables en cela qu'ils introduisent une dimension temporelle, considérée parfois comme arbitraire. Ils impliquent que l'on ne peut penser la formation du revenu global qu'en une succession discontinue d'instants T, entre lesquels rien ne se passerait si ce n'est quelques réactions psychologiques visant justement à anticiper l'équilibre.

Les lectures les plus radicales de Keynes contestent l'utilisation d'une telle dimension temporelle pour décrire l'ajustement épargne-investissement. Les deux catégories macroéconomiques étant nécessairement égales (I = S), voire identiques (I ≡ S, du fait de leur définition commune, *comme l'excès du revenu sur la consommation*), il n'est pas nécessaire de se référer à un quelconque processus avant-après pour décrire leur ajustement. En pratique, ce qui est contesté, c'est la représentation en termes de relations de marché et d'équilibres de marché de l'ajustement épargne-investissement. Les notions d'offres et de demandes de fonds prêtables, utilisées par les économistes classiques, seraient invalides dans la mesure où, chez Keynes, l'épargne est *toujours* égale à l'investissement : il suffit pour s'en convaincre de consulter l'égalité (identité ?) des emplois-ressources du système financier. Sur le graphique précédent, présenté comme contestable, la fonction *S ne se déplacerait pas pour coïncider* avec l'investissement, *elle serait en tous points* confondue avec I.

Que dire ? Comment trancher et dépasser le débat égalité *versus* identité ? Le plus simple en la matière est de privilégier la finalité du débat, plutôt que le débat lui même, qui apparaît bien vite une question de sémantique, par nature insoluble. Le projet de Keynes avec cette nouvelle conception de l'ajustement I-S est de montrer que *c'est l'investissement qui, à lui tout seul, fait l'équilibre macroéconomique, et ce, indépendamment de toute disponibilité préalable de ressources (d'épargne).* Pour reprendre les termes particulièrement bien choisis de F. Poulon, l'investissement est « directeur » — de l'activité — plutôt que « subordonné » (et, *a contrario*, l'épargne devient « subordonnée », plutôt que « directrice » : elle suit toujours). La finalité du débat sur l'ajustement I-S, c'est donc la possibilité d'affirmer la position première et fondatrice de l'investissement dans la détermination du revenu global. Cette réflexion ouvre la porte à une conception nouvelle de l'économie.

Ainsi défini, l'équilibre économique s'affranchit en effet quasi-totalement de la contrainte de rareté des ressources qui, dans l'esprit classique, était censé le limiter (nous reviendrons sur le *quasi* : le taux d'intérêt reste tout de même une limite à l'élargissement de l'investissement). Désormais dans l'esprit de Keynes, le niveau d'activité n'est plus (pré)déterminé par un montant exogène de ressources naturelles (hectares de terres agricoles disponibles, ressources minières, hommes) qu'il s'agirait d'affecter optimalement de manière à assurer le meilleur bonheur possible de la communauté. Désormais, le revenu économique est *à construire*, déterminé qu'il est par le fruit d'une décision humaine, celle d'investir. D'une « économie de la rareté » (d'après l'expression d'A. Parguez) où il s'agit de gérer des ressources prédéterminées allouées entre des usages alternatifs, c'est-à-dire rivaux, on passe à une « économie de la dépense » où, au contraire, *l'homme invente et construit ces ressources*. Les décisions humaines se substituent aux lois naturelles, éliminant du même coup l'immobilisme et le fatalisme attachés à ces dernières : investir, c'est faire fi du passé et du présent, et se tourner vers l'avenir pour justement *créer* la disponibilité des ressources (…et notamment, une capacité d'épargne induite, désormais secondaire).

Est-ce à dire que la rareté comme principe de régulation économique a été intégralement expurgée de l'économie keynésienne ? Keynes a-t-il été conduit à l'abandon *in extenso* des catégories de pensée propres aux économistes de la tradition ? La lecture de la *Théorie générale* indique que non, pas radicalement (nous reviendrons sur l'usage de ce terme et sur cette discussion dans le chapitre suivant) ; à de nombreuses reprises, une rareté est réintroduite : elle se manifeste par le taux d'intérêt. C'est en étudiant les différentes versions du multiplicateur qu'on s'en rend compte.

Section 2. L'ajustement épargne-investissement ; le multiplicateur simple et ses extensions

Une description détaillée du mécanisme du multiplicateur est nécessaire. Elle nous permet, en premier lieu, de bien cerner les principes fondamentaux de la macroéconomie keynésienne. Le principe d'une épargne *a posteriori* révèle, notamment chez Keynes, une conception du crédit et de la monnaie parfaitement originale.

En second lieu, le multiplicateur, ses extensions, ses altérations aussi constituent la base de la postérité des analyses de Keynes. L'essentiel de la macroéconomie contemporaine se construit, négativement ou positivement, en référence à un modèle central tiré de la *Théorie générale* : le modèle IS-LM. L'objectif ici n'est pas de doubler un cours de macroéconomie, mais, à l'aide du modèle, d'identifier un peu mieux la relation que Keynes pouvait établir entre, notamment, les prix, le taux d'intérêt et le chômage.

1. L'épargne *a posteriori* et le multiplicateur simple

Le multiplicateur se conçoit avant tout comme un principe d'ajustement de l'épargne à un montant — déclaré exogène —

d'investissement. Dans sa version la plus simple, qui semble être celle soutenue dans la *Théorie générale*, cette conception du multiplicateur sert de révélateur de la position de Keynes à l'égard du crédit et de la monnaie.

Le multiplicateur simple : principe de fonctionnement

Pour des raisons pratiques, on utilisera ici des équations différenciées : les relations entre les variables sont exprimées non pas pour leur valeur absolue (X) mais pour leur variation (ΔX). La valeur du multiplicateur procède de deux équations, simultanément vérifiées :

– l'équilibre épargne-investissement provient de l'équilibre emplois-ressources du marché des biens et services. D'abord anticipé par les entrepreneurs (principe de demande effective), puis mis en œuvre, l'équation comptable suivante exprime le principe d'un revenu d'équilibre :

$$Y^s = Y^d.$$

Par décomposition du revenu, à gauche dans les emplois des agents, à droite dans les ressources des entreprises, on a :

$$S + C = I + C \quad \text{Soit } S = I.$$

$$\text{Donc, en différenciant : } \Delta S = \Delta I \qquad (1)\ ;$$

– deuxièmement, la fonction de consommation doit être différenciée, la propension marginale à consommer « c » apparaît :

$$C = f(Y). \qquad \text{Par différenciation : } \Delta C = c.\ \Delta Y$$

On sait en outre que l'épargne est le résidu du revenu sur la consommation : $\Delta S = \Delta Y - \Delta C$. Donc, en remplaçant ΔC par $c.\ \Delta Y$, on obtient :

$$\Delta S = (1 - c)\ \Delta Y \qquad (2).$$

L'utilisation des deux équations réduites (1) et (2) donne la valeur du multiplicateur. On a :

$$\Delta Y = \frac{1}{1 - c} \Delta I.$$

Cette détermination du multiplicateur, rigoureuse mathématiquement, occulte néanmoins une partie de l'intuition économique. Elle passe sous silence la succession de petites variations, qui en fait décrivent le multiplicateur comme un processus d'ajustement de l'épargne à un investissement initial. On peut au contraire détailler le processus qui conduit à l'égalisation de l'épargne à l'investissement comme indiqué dans le tableau ci-dessous.

Pour une impulsion initiale : ΔI_0 et une fonction de consommation $C = cY + C_0$, on a :

Le multiplicateur simple (dynamique)

	Effets sur C	**Effets sur Y**	**Effets sur S**
Effet direct		ΔI_0	
Premier effet indirect	$\Delta_1 C = c\, \Delta I_0$	$c\, \Delta I_0$	$\Delta_1 S = (1 - c)\, \Delta I_0$
Second effet indirect	$\Delta_2 C = c.c\, \Delta I_0$	$c.c\, \Delta I_0 = c^2\, \Delta I_0$	$\Delta_2 S = (1 - c)c\, \Delta I_0$
Troisième effet indirect	$\Delta_3 C = c.c^2\, \Delta I_0$	$c.c^2\, \Delta I_0 = c^3\, \Delta I_0$	$\Delta_3 S = (1 - c)c^2\, \Delta I_0$
...			
n[ième] effet indirect	$\Delta_n C = c.c^{n-1}\, \Delta I_0$	$c.c^{n-1}\, \Delta I_0 = c^n\, \Delta I_0$	$\Delta_n S = (1 - c)c^{n-1}\, \Delta I_0$
...			
Total des effets ($n \to \infty$)		$[1 + c + c^2 + c^3 \dots + c^n]\Delta I_0$ $\dfrac{1}{1-c}$	$\Delta_{total} S = (1 - c)$ $[1 + c + c^2 + c^3 \dots + c^n]\Delta I_0$

$$\Delta_{total} S = (1 - c) \,.\, [1 + c + c^2 + c^3 \dots + c^n]\, \Delta I_0 = (1 - c)\frac{1}{1 - c}\, \Delta I_0 = \Delta I_0.$$

Commentons les flèches en surimpression du tableau : l'investissement initial ΔI_0 provoque — comme effet direct — une variation du revenu d'équilibre d'un même montant. Le revenu mis en œuvre ayant augmenté, la consommation augmente dans une proportion $c.\Delta I_0$ (première flèche en diagonale). Cette dernière variation provoque à son tour une nouvelle variation de la demande effective de ce nouveau montant : $c.\Delta I_0$ (première flèche horizontale). De nouveau, la consommation augmente dans une proportion $c.c.\Delta I_0 = c^2.\Delta I_0$ (seconde flèche en diagonale), etc. Ces effets s'enchaînent à l'infini : on calcule le total des variations sur Y, on vérifie qu'on retrouve bien la valeur du multiplicateur précédemment déterminée.

Durant ces différentes étapes, les augmentations successives du revenu distribué engendrent en outre logiquement (*via* la propension à épargner 1 – c) des hausses de l'épargne. La dernière colonne du tableau mesure les différentes variations de cette grandeur ; le total des variations est présenté à la fin de la colonne. Or, *c'est sur ce chiffre qu'on perçoit bien le principe fondamental du multiplicateur* : on vérifie en effet que le total des effets sur l'épargne ramène justement la valeur de celle-ci à égalité de l'impulsion initiale observée sur l'investissement : $\Delta S = \Delta I_0$. L'histoire du multiplicateur, la décomposition de son mécanisme, correspond donc précisément à la succession des rattrapages de l'épargne vers le (nouveau) niveau d'investissement, vers son niveau d'équilibre.

Le multiplicateur est donc un processus « d'équilibration » de l'épargne à l'investissement. Tant que celle-là est différente de celui-ci, le processus persiste. L'enchaînement des effets ne cesse qu'au moment d'une parfaite égalité des deux variables : lorsque l'épargne est ajustée *a posteriori*. Néanmoins, comme nous l'avons déjà fait remarquer dans la section précédente (le débat « égalité *versus* identité »), la dimension temporelle sous-entendue dans la description du processus reste sujette à caution : l'équilibration I-S, selon Keynes, fait partie intégrante du principe de demande effective : elle est donc essentiellement un *processus mental instantané*. Autrement dit, en dehors du point de demande effective, les différentes phases (succession des variations) restent virtuelles ; elles s'intègrent dans les anticipations des entrepreneurs, qui estiment l'équilibre et mettent en œuvre directement le revenu adéquat (tel que $I = S$ et $Y^s = Y^d$). « L'équilibration » est immédiate. En cela, la *Théorie générale* diffère du *Traité de la monnaie* : le concept de (sur)profit, variable intermédiaire pour rendre compte d'un désajustement I-S, n'intervient plus puisqu'il est réintégré à part entière dans le revenu (au point DE, le solde effectif est nul dorénavant, même si, à coté de DE — hors de l'équilibre —, il peut mentalement différer de zéro).

L'opérateur de l'équilibre, sa cause profonde, c'est la variation du revenu global. On retrouve ici la logique de l'interdépendance walrasienne : la dynamique de l'équilibre sur un marché (celui où se confrontent I et S) n'est pas indépendante d'autres grandeurs fixées théoriquement par d'autres marchés. On retrouve aussi l'intuition d'un équilibre à prix fixe : le taux d'intérêt, le prix traditionnellement dévoué à l'ajustement I-S ne joue qu'un rôle négligeable dans l'ajustement ; c'est un autre marché, *celui de l'emploi pour être clair*, qui par l'intermédiaire des anticipations des entrepreneurs ajuste les variables.

Enfin, en l'état de notre analyse, on peut noter que le principe du multiplicateur décrit l'économie comme un *puits sans fond* : il suffit d'investir pour voir une demande (puis donc, la rentabilité de l'investissement) apparaître en proportion. Là encore, on retrouve le principe d'une « économie de la dépense », tout entière déterminée par les hommes et affranchie des containtes de la nature. Keynes fait référence, dans le *Traité de la monnaie*, à la parabole de la « jarre de la veuve », veuve qui, dans la Bible, puise son huile dans un récipient illimité, sans jamais l'épuiser. Faut-il en déduire qu'il n'y a pas de restrictions au multiplicateur et que l'on peut espérer ainsi obtenir une activité sans limite ? Dans le *Traité de la monnaie*, la limite est obtenue par l'épuisement des facteurs, on l'a déjà vu. Dans la *Théorie générale*, d'autres limites sont prises en compte, nous les verrons ultérieurement.

Une hypothèse sous-jacente : l'absence d'une contrainte de liquidité. Le crédit bancaire à la rescousse du multiplicateur simple

Le mécanisme du multiplicateur, en l'état, peut apparaître quelque peu simpliste. Tel qu'il est présenté ici, il correspond à la première heure de la première séance d'un cours de macroéconomie pour débutant. De fait, une hypothèse a été faite, et passée sous silence dans les propos qui précèdent : l'impulsion, due à un investissement autonome, n'est jamais contrariée par une rareté des moyens de financement. Autrement dit, la hausse du revenu, d'abord anticipée puis mise en œuvre par les entrepreneurs, ne subit aucune contrainte objective liée à une insuffisante disponibilité financière. Cette hypothèse peut être présentée comme simplificatrice. On pourra alors enrichir le raisonnement initial en lui ajoutant un bloc monétaire : le modèle IS-LM, qui procède ainsi, montre l'existence d'un *frein monétaire*, qui (*via* le taux d'intérêt) vient réduire la force d'entraînement du multiplicateur. Le modèle de base sera rendu plus subtil en relâchant les hypothèses simplificatrices ; telle est la manière générale de procéder des sciences, dites réductionnistes, qui peu à peu améliorent leur expertise du réel en abandonnant les hypothèses fortes, déclarées trop irréalistes. Nous participerons de ce mouvement dans le deuxième temps de cette section ; pour l'heure nous procédons autrement. Notre perspective d'historien de la pensée nous oblige en effet à prendre une autre voie : interrogeons-nous plutôt sur les raisons qui ont pu pousser Keynes à formuler, et à accepter, cette hypothèse (simpliste ?) d'un multiplicateur sans limites. Identifions d'abord le problème.

L'idée d'un multiplicateur simple exige une conception de la monnaie comme un simple fluide qui vient systématiquement accompagner les variations de l'investissement et du revenu : la quantité de monnaie s'ajuste parfaitement aux besoins de financement des entreprises. Cette adaptation si facile du stock de monnaie nous amène logiquement *aux procédures de création de la monnaie*. Or, il existe un lieu de convergence entre création monétaire et investissement : le *crédit bancaire*. L'opération de crédit crée de la monnaie exactement en même temps que l'investissement se décide. Les banques commerciales en inscrivant un chiffre positif aux ressources du compte des entreprises, créent une monnaie scripturale qui peut circuler entre les agents de l'économie tant que la crédibilité financière de la banque n'est pas contestée ; *lorsque le crédit bancaire est destiné à financer un investissement, il y a donc création — parallèle — d'une richesse réelle (l'investissement) et d'un moyen de paiement pour celle-ci (la monnaie scripturale).*

La limite objective d'un tel mécanisme de création monétaire, par ailleurs, n'est pas évidente. En effet, la création monétaire peut être validée comptablement par les banques, grâce à la récupération d'un dépôt symétrique en provenance d'un autre agent de l'économie (qui aura bénéficié du pouvoir d'achat initialement impulsé) : *les crédits font les dépôts*. La limite, s'il faut en trouver une, est subjective et institutionnelle : elle a trait au ratio établi pour les banques afin de conserver une proportion raisonnable entre leurs engagements dans l'économie et leurs avoirs auprès de la banque centrale (chaque banque dispose d'un compte débit/crédit au sein de la banque centrale). En limitant ses propres crédits et sa propre création de monnaie, la banque centrale est donc *théoriquement* censée contenir l'ensemble des crédits consentis à l'économie, c'est-à-dire l'ensemble de la masse monétaire.

La question est alors de savoir si la banque centrale choisit librement son montant de création de monnaie centrale, ou, si elle y est forcée. L'opération de réescompte, notamment, qui consiste pour la banque centrale à couvrir les banques de second rang en leur consentant une avance monétaire sur leurs créances peut être quelque peu *contrainte* : une banque centrale ne prend que rarement le risque d'une faillite de trésorerie des banques connues du grand public, elle craint l'effet en chaîne d'une crise de confiance généralisée. En bref, dans une *économie d'endettement* — c'est le terme utilisé pour décrire cette situation où la banque centrale est contrainte au refinancement —, l'offre de monnaie est *endogène*. Elle n'est pas contrôlée ni déterminée de manière extérieure. Au contraire, l'offre de monnaie suit l'activité : elle accompagne le crédit, les variations de l'investissement et, finalement, la demande effective.

La contrainte éventuelle d'un défaut de liquidité est donc éliminée par le binôme entrepreneurs-banquiers et le recours au crédit : les deux agents, s'ils coopèrent, sont en position de créer, en même temps que la richesse réelle, le moyen de la faire circuler. Cet aspect, tout en insistant encore sur la position asymétrique dont bénéficie les entrepreneurs, renforce aussi la nature parfaitement subjective et autoréalisatrice de l'équilibre keynésien. Les entrepreneurs ne sont pas soumis à des contraintes objectives : *l'équilibre global est construit par eux, sur la base de leurs anticipations* ; il dépend de leur caractère « plus ou moins sanguin » a dit Keynes. Le reste (la demande en retour, la monnaie...) suit toujours ! On retrouve donc aussi, bien sûr, le thème de l'incertitude et des *états de confiance*, qui incitent, ou non, les entrepreneurs à outrepasser leur préférence pour la liquidité et à s'endetter pour investir.

2. IS–LM, prix fixes, prix flexibles

On a bien compris comment la simplicité du multiplicateur pouvait être soutenue par une théorie de la monnaie endogène ; il faut maintenant envisager la perspective inverse : celle d'une monnaie exogène. Le modèle IS-LM, inventé par Hicks en 1937 comme un libre commentaire de la *Théorie générale*, précise ces relations dans un cadre simplifié, celui des prix fixes. Il permet de rendre compte avec une certaine finesse des interactions existant entre monnaie et équilibre. La réintroduction d'une flexibilité des prix sera ensuite abordée.

IS-LM : construction et fonctionnement

Le modèle IS-LM consiste, on l'a déjà fait sentir, à intégrer une contrainte liée à la rareté des moyens de paiement. Il permet de réintroduire, surtout, la flexibilité d'une variable quelque peu oubliée dans les propos qui précèdent, le taux d'intérêt ; les variations du taux d'intérêt vont affecter l'investissement privé et freiner les impulsions données — par exemple — sur les dépenses publiques. Rappelons d'abord l'équilibre du marché des biens et services, la relation IS s'exprime de la manière suivante :

$$Y = C(Y) + I(r) + G, \text{ avec : } \Delta C = c\,\Delta Y, \Delta I = I'\,\Delta r\,, I' < 0.$$

On retrouve le principe, déjà utilisé, de l'équilibre emplois-ressources du marché des biens et services ($Y^d = Y^s$). En plus de l'équation marquant l'équilibre, on décompose le revenu en ses différents emplois : C, I, G. La sensibilité de l'investissement privé I au taux d'intérêt correspond à l'arbitrage déjà évoqué pour les entreprises entre liquidités et capital physique (réglé par l'efficacité marginale du capital, voir p. 95) : un taux d'intérêt élevé révèle une crise de confiance, et réalise un investissement faible (on a donc : $I' < 0$). L'introduction de G rend compte d'un investissement public, correspondant à une politique volontariste du gouvernement.

Un bloc monétaire est ajouté au bloc des biens et services. L'équation d'équilibre du marché de la monnaie LM précise les relations suivantes :

$$M^s = M^d = L(Y, r), \text{ avec : } L'_Y > 0, L'_r < 0.$$

À droite, la demande de monnaie est spécifiée d'après les indications de Keynes : elle est fonction croissante du revenu (détention de monnaie pour motif de transaction) et fonction décroissante du taux d'intérêt (détention de monnaie pour motif de spéculation).

La différentiation des deux équations donne le système suivant :

$$\Delta Y\,(1 - c) = I'\,\Delta r + \Delta G, \qquad (IS')$$

$$L'_Y\,\Delta Y = \Delta M^s - L'_r\,\Delta r, \qquad (LM')$$

La première équation (IS') permet d'évaluer le sens des variations du revenu en fonction du taux d'intérêt *tout en vérifiant l'équilibre du marché des biens et services* : $1 - c$ étant positif, I' étant négatif, le sens de variation est finalement négatif. En termes économiques, l'effet d'une augmentation du taux d'intérêt est globalement dépressif sur le marché des biens et services. Une hausse du taux d'intérêt déprime l'investissement, puis finalement (par le biais du multiplicateur), l'ensemble de la demande effective. Cela explique que la relation IS est décroissante sur un plan (Y, r).

La seconde équation (LM') permet d'évaluer le sens des variations du revenu en fonction du taux d'intérêt *tout en vérifiant l'équilibre du marché de la monnaie* : L'_Y étant positif, $-L'_r$ étant positif, le sens de variation est finalement positif. En termes économiques : la hausse du taux d'intérêt diminue la demande de monnaie pour motif de spéculation, ce qui laisse plus de monnaie disponible pour satisfaire la demande de monnaie pour transaction, et permet *toutes choses égales par ailleurs* au revenu de croître. Sur le plan (Y, r) la relation est donc croissante.

Si nous nous en tenions là, l'expression *toutes choses égales par ailleurs* nous renverrait à une perspective partielle : réfléchissons sur ce qui se passe sur le marché de la monnaie et uniquement sur celui-ci. Le modèle IS-LM, la perspective keynésienne en général, insiste au contraire sur une interaction entre les différents marchés : le moyen de marquer cette interaction est d'observer *l'équilibre croisé du marché des biens et services et celui de la monnaie*. La considération simultanée des deux relations IS et LM sur la plan (Y, r) donne ce croisement : un équilibre apparaît à l'intersection des deux fonctions, il est l'expression de l'équilibre conjoint des différents marchés.

Le graphique présenté page suivante montre en outre l'effet d'une politique budgétaire. Une variation de G provoque un mouvement de IS vers la droite : le nouvel équilibre correspond à un revenu plus élevé, et à une augmentation du taux d'intérêt. Analytiquement, la résolution du système (IS') – (LM') nous

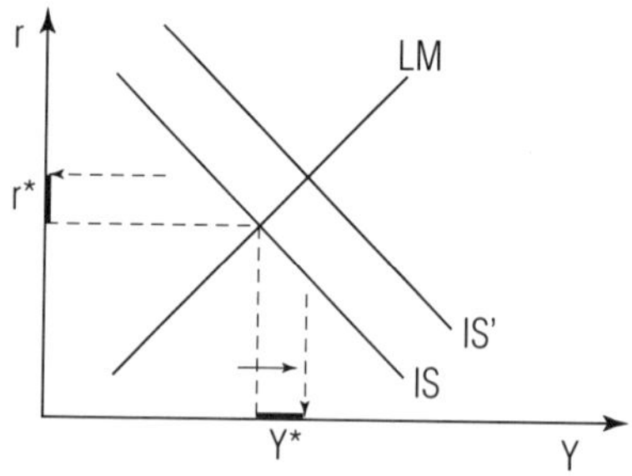

donne la quantification précise de ces effets sur les variables expliquées (ici, le revenu) :

$$\Delta Y^* = \frac{1}{1 - c + \frac{I'}{L'_r} . L'_Y} \left[\Delta G + \frac{I'}{L'_r} \Delta M \right]$$

Le multiplicateur est modifié. La considération du bloc monétaire, qui exprime l'état d'équilibre sur le marché de la monnaie, établit donc un multiplicateur différent, plus faible que le multiplicateur simple déjà proposé.

IS-LM prix fixes : verticalistes contre horizontalistes

Si le modèle IS-LM ne présentait qu'un intérêt, ce serait celui-là : *il fait clairement apparaître que l'équilibre global dépend de l'ajustement simultané de plusieurs marchés*. Par exemple, la partie nouvelle du multiplicateur $\left(\frac{I'}{L'_r} L'_y\right)$, dite en termes économiques *frein monétaire*, retrace précisément une interaction entre marchés :

– la hausse du revenu, consécutive à ΔG, provoque une tension sur le marché de la monnaie (la demande de monnaie pour transaction est plus forte) : le taux d'intérêt augmente ;

– mais, cette augmentation du taux d'intérêt interagit sur le marché des biens et services : elle affaiblit l'investissement privé, composante centrale de la demande effective.

Au total, l'effet complet d'une dépense publique, mesuré par le multiplicateur complexe, est moindre que ce à quoi on pouvait s'attendre initialement. On dit que l'investissement public *évince* (en partie, du moins) l'investissement privé.

Interaction entre différents marchés ! Tel est le message de IS-LM. Tel est aussi le message de Keynes, on a pu le vérifier à de multiples reprises. En cela, le travail de Hicks aura servi de révélateur : il replace la réflexion keynésienne dans la perspective de l'équilibre général des marchés. Il lui donne sa pleine dimension walrasienne. Le modèle IS-LM, cependant, n'est pas indemne de critiques ; les lectures radicales lui reprochent justement de (trop !) faire tendre la *Théorie générale* vers un discours finalement très orthodoxe. D'abord, bien sûr, il repose sur une conception mécaniste de la *Théorie générale*, et délaisse la question de l'instabilité des relations due à l'incertitude. Mais surtout, en adoptant la position d'une offre de monnaie exogène, il réintroduit la notion d'un taux d'intérêt qui manifeste une rareté et constitue de ce fait un butoir à l'expansion de l'équilibre global ; simplement ici avec LM, la rareté de la monnaie — comme facteur limitatif — se substitue à la rareté de l'épargne propre à la théorie traditionnelle (Wicksell et Hayek). De fait, on perd la notion d'une « économie basée sur la dépense » introduite par Keynes grâce au renversement de la causalité I-S.

La querelle se résume en une formule, brève mais efficace : « verticalistes contre horizontalistes ». Soit LM est *verticale* (en plus d'une offre de monnaie exogène, il faut faire des hypothèses sur les dérivées partielles de la demande de monnaie : L'_r proche de 0, L'_Y élevée). Dans ce cas, la rareté de la monnaie se substitue parfaitement à celle de l'épargne et on retrouve les résultats classiques naturels : la dépense publique évince parfaitement l'investissement privé ; les politiques économiques sont inefficaces. C'est la position des monétaristes, notamment celle de Milton Friedman qui conseille d'éviter les politiques expansionnistes. Soit au contraire LM est *horizontale*, du fait, par exemple, d'une *endogénéité* de l'offre de monnaie liée au mécanisme du crédit bancaire, ou bien, du fait d'une situation de « trappe à liquidité » décrite par Keynes lui-même (L'_r tend vers l'infini, la demande de monnaie pour spéculation est quasi infinie). Dans ce cas, les politiques de relance budgétaire se font sans modification du taux d'intérêt : elles ne sont pas freinées. On retrouve le multiplicateur simple.

On a là un point crucial du débat entre les deux grandes écoles d'interprétation de la théorie keynésienne. L'école de la *synthèse* considère peu ou prou que le modèle IS-LM convient pour représenter la pensée de Keynes : le calcul des élasticités liées à I', L'_r et L'_Y est alors déterminant pour les choix de politique économique. On peut d'ailleurs, grâce à ces savants calculs, atténuer l'effet indésirable du *frein monétaire* en accompagnant la politique budgétaire ΔG d'une politique monétaire expansionniste (ΔM^s, destinée à compenser la rareté de la monnaie et la hausse du taux d'intérêt ; c'est le principe du *policy-mix*). Les écoles *radicales* récusent cette approche ; l'argument principal revient à contester la nature de prix de marché du taux d'intérêt. La rareté de la monnaie, et celle des moyens de financement en général, ne sont pas comparables à une rareté de marché (une insuffisance de l'offre) signalée par une hausse des prix. La notion même de marché pour la monnaie est contestable, tant la détermination de son prix — le taux d'intérêt — échappe aux considérations habituelles : l'offre n'est pas réellement exogène ou coûteuse ; la demande peut être quasi infinie quand le niveau d'angoisse des agents est très élevé. Ceci explique que Keynes insiste sur la valeur simple du multiplicateur.

IS-LM prix flexibles : l'interprétation patinkinienne

Le modèle IS-LM est imparfait comme représentation de la pensée keynésienne. Ce constat ne réduit aucunement cependant l'intérêt du modèle comme outil de politique économique, voire comme outil de clarification de Keynes, tant la *Théorie générale* est parfois complexe, voire contradictoire. Donc, malgré ses imperfections, n'éliminons pas la démarche de Hicks, utile au moins pour sa simplicité. En outre, à coté du modèle simple, il existe de multiples extensions qui justifient plus fortement encore notre intérêt pour cette dernière : l'intégration des variations du niveau général des prix notamment nous permet de mieux comprendre la relation établie par Keynes entre taux d'intérêt, prix et chômage.

Pour rendre compte d'une flexibilité des prix dans le modèle, il faut d'abord expliciter leur rôle dans les équilibres du marché. Voyons comment IS et LM sont modifiées. Les anciennes variables (Y, C, I, etc.) sont considérées comme mesurant des grandeurs réelles (déflatées de leurs variations nominales), on obtient les nouvelles équations :

$$pY = pC(Y) + pI(r) + pG \qquad \text{(ISbis)}$$

$$\frac{M^s}{p} = \frac{M^d}{p} = L(Y, r) \qquad \text{(LMbis)}$$

L'équilibre comptable du marché des biens et services (ISbis) intègre le niveau des prix. On fait ici une hypothèse simplificatrice : le niveau des prix des biens de consommation p_C, d'investissement p_I, et des biens de dépense publique p_G évoluent conjointement de sorte que l'on peut poser leur égalité : $p_C = p_I = p_G = p$. L'équilibre du marché de la monnaie (LMbis) est écrit pour des grandeurs réelles : à droite, la demande de monnaie réelle est fonction du revenu réel (motif de transaction) et du taux d'intérêt réel (motif de spéculation). On suppose aux agents une rationalité proche de celle associée au comportement d'encaisses réelles de Pigou, néanmoins on conserve un aspect très keynésien avec la sensibilité de L au taux d'intérêt.

Le système (ISbis) (LMbis), pour deux équations, comporte maintenant trois inconnues : r, Y et p. L'ajout d'un *bloc offre* va cependant lever cette indétermination mathématique. Il s'agit en effet d'observer quel est le comportement adopté par les entreprises face aux variations de prix. On aura deux relations :

$$Y = F(N) \quad \text{et} \quad \frac{w_o}{p} = F'(N)$$

La première relation relie le montant des biens produits à la quantité de travail effectivement utilisée (N) ; c'est une fonction de production simplifiée. La seconde relation reprend le premier postulat classique : la productivité marginale du travail F'(N) est égale au salaire réel w_o/p. Cette dernière équation ajoute un critère de rentabilité dans la décision de mise en œuvre du produit prise par les entrepreneurs. Dans le modèle IS-LM simple, le seul argument est la demande ; on sait cependant que le critère de rentabilité n'est pas absent des développements de Keynes : il accepte le premier postulat classique, et le principe de demande effective décrit explicitement un calcul de rentabilité. L'intégration d'un bloc offre peut donc paraître parfaitement légitime.

La résolution partielle du bloc offre nous donne la relation suivante :

$$Y = F\left(F'^{-1}\left(\frac{w_0}{p}\right)\right) = Z(p), \text{ avec } Z' > 0.$$

On peut donc écrire une offre globale Z très simplifiée, uniquement fonction du niveau des prix. La fonction Z est croissante : une augmentation des prix réduit le salaire réel, les coûts diminuent, l'offre augmente. *Attention cependant à une hypothèse centrale faite dans ce modèle : le salaire nominal w_0 est supposé rigide* (les variations du salaire réel sont dues aux variations des prix — du dénominateur —, et non aux variations du salaire nominal w_0) ; c'est cette rigidité qui permet d'assurer sans ambiguïté la sensibilité globale de l'offre aux prix.

On peut maintenant écrire le modèle complet différencié :

$$\Delta Y(1 - c) = I'\Delta r + \Delta G \qquad \text{(ISbis')}$$

$$L'_Y \Delta Y = \frac{M^s}{p}\left[\frac{\Delta M^s}{M^s} - \frac{\Delta p}{p}\right] - L'_r \Delta r, \qquad \text{(LMbis')}$$

$$\Delta Y = Z'\Delta p \qquad \text{(Offre)}$$

Il existe deux manières habituelles de résoudre ce modèle. On peut, comme on l'a déjà fait avec IS-LM à prix rigides, utiliser d'abord (ISbis') et (LMbis'), et observer les variations du revenu après élimination des variations du taux d'intérêt (mathématiquement, il suffit de substituer dans ISbis', la valeur du taux d'intérêt donnée par LMbis'). On obtient une *fonction de demande globale*, décroissante, sur le plan (p, Y). Le croisement de cette fonction avec la fonction d'offre globale Z nous donne l'équilibre, et permet d'observer les effets des politiques économiques. Les politiques économiques ΔG, ΔM^s conservent des effets réels bénéfiques, mais une partie de l'effet de relance passe dans une augmentation des prix. On peut mesurer précisément cet effet inflationniste en fonction des élasticités (des pentes des courbes).

Cette méthode de résolution est celle utilisée par la macroéconomie (c'est le modèle AS-AD : *Aggregate Supply, Aggregate Demand*). Dans le but de mieux comprendre Keynes, nous adoptons une autre méthode : celle de Patinkin. Patinkin propose de substituer dans les deux équations (ISbis') et (LMbis') l'expression de ΔY donnée par la fonction d'offre, on aura :

$$Z'\Delta p(1 - c) = I'\Delta r + \Delta G \qquad \text{(ISpat)}$$

$$L'_Y Z'\Delta p = \frac{M^s}{p} = \left[\frac{\Delta M^s}{M^s} - \frac{\Delta p}{p}\right] - L'_r\Delta r, \qquad \text{(LMpat)}$$

On sait calculer ainsi sur un nouveau plan (p, r) le sens de variation de IS et LM qui intègrent le bloc offre (d'après les hypothèses sur les dérivées partielles, on montre que IS est décroissante, LM croissante). L'équilibre global se définit alors par un couple de prix (p*, r*) appelé *couple dual* (la détermination des prix définit rigoureusement la détermination de l'équilibre réel, calculer l'un plutôt que l'autre est donc strictement équivalent). L'intérêt d'une telle présentation apparaît lorsqu'on associe ce *couple dual* au calcul du taux de salaire et au marché du travail. Voyons d'abord le modèle dans ses hypothèses keynésiennes.

L'interprétation patinkinienne (la détermination du dual)

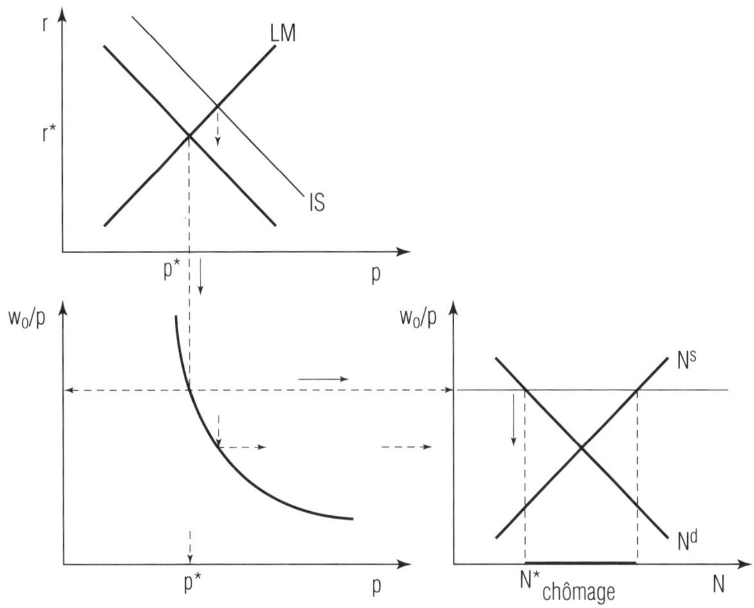

Suivons le sens de détermination indiqué par les flèches : le croisement de IS et LM sur le plan (r, p) détermine un taux d'intérêt d'équilibre et un niveau des prix d'équilibre. À salaire nominal constant, ce niveau détermine un salaire réel (w_0/p). Puis, le long du premier postulat classique, le salaire réel détermine — du côté de la demande — le montant de travail effectivement mis en œuvre et, par suite, le niveau de déséquilibre du marché du travail. Voilà, dans les grandes lignes, la théorie du chômage que Patinkin attribue à Keynes. Le mouvement de IS traduit les effets d'une politique budgétaire : augmentation des prix sur le plan (p, r), puis baisse du salaire réel et augmentation de l'emploi. Fondamentalement donc, pour Patinkin, *c'est la sous-indexation du salaire qui, dans le modèle keynésien, réduit le chômage*. La rigidité du salaire nominal à court terme devient l'opérateur essentiel de la réussite de la politique économique puisqu'en cas d'inflation elle assure la diminution du salaire réel.

Cette interprétation fait du modèle keynesien une théorie extrêmement cynique (ce qui n'implique pas qu'elle soit fausse) : les salariés en étant dépassés par l'inflation sont amenés à concéder malgré eux une baisse de leur salaire réel, c'est cette baisse qui permet *in fine* l'emploi et la réduction du chômage. Il faut dire par ailleurs que ce résultat théorique a obtenu une certaine corroboration empirique avec la version fameuse de la *courbe de Phillips*, qui revient à constater un relation décroissante entre inflation et chômage, repérée statistiquement dans les pays développés pour les années 1950 et 1960. Dans la pratique donc (à cette époque au moins), une réduction du chômage semble pouvoir être obtenue au prix d'une certaine inflation.

L'interprétation patinkinienne a été beaucoup discutée : elle met l'accent sur l'interaction entre les variations du niveau général des prix et la rigidité du salaire, intégrée au modèle keynésien. La question est : cette théorie est-elle valable comme représentation de la *Théorie générale* ? On semble évidemment perdre beaucoup de la subtilité des arguments de Keynes : les ajustements quantitatifs basés sur les prévisions des entrepreneurs sont noyés dans les relations duales. Surtout, une première lecture du graphique précédent conduit à une position finalement très classique : le chômage est essentiellement dû à un salaire réel excessif, il faut donc réduire celui-ci. Simplement ici, le moyen préconisé diffère : variation du dénominateur, plutôt que du numérateur.

C'est néanmoins cette dernière réflexion, associée à une (re)lecture du chapitre 2 de la *Théorie générale* qui va redonner à Patinkin toute sa pertinence (ici, le lecteur peut revenir à nos propres développements p. 74-79 : on peut noter d'ailleurs que la dernière figure du schéma patinkinien — pour le marché du travail — reprend trait pour trait la figure présentée page 77). Que nous dit Keynes dans le deuxième chapitre de la *Théorie générale* ? D'abord, il nous apprend que le problème de départ du chômage tient effectivement à un *faux prix* : un salaire réel qui n'assure pas le plein emploi du facteur travail. Mais il nous dit en même temps qu'il serait vain de vouloir modifier le salaire nominal *sans, parallèlement, tenir compte de la détermination simultanée du niveau des prix*. Le niveau des prix, en effet, n'est pas libre. Dans la *Théorie générale*, on se souvient que le principe de demande effective fixe le niveau des prix ; dans le graphe de Patinkin, ce principe prend la forme suivante : le niveau des prix est fixé par l'intersection de IS et de LM, c'est-à-dire par *l'intégration explicite d'un blocage monétaire (LM) dans la détermination de l'équilibre réel (IS)* : la version classique du graphique de Patinkin montre, à l'inverse, que les prédécesseurs de Keynes tendaient justement à nier ce blocage :

L'interprétation patinkinienne (la conception classique)

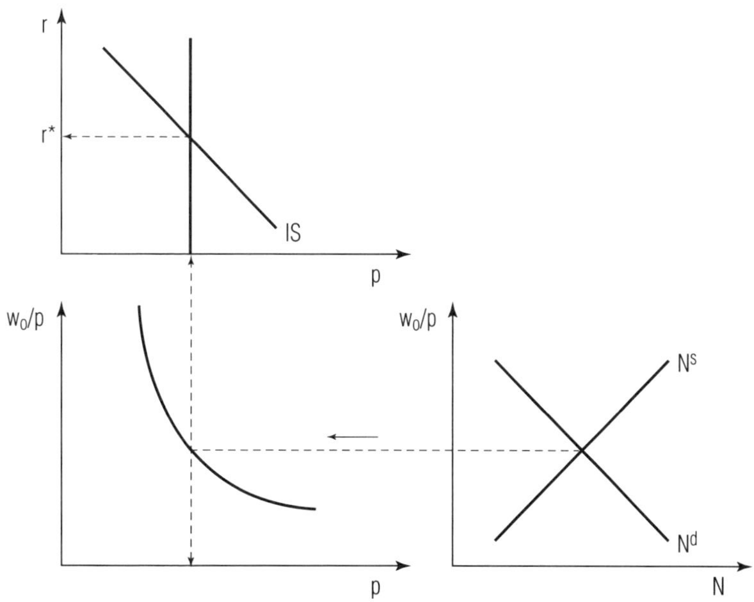

Dans la conception classique, l'absence d'une demande de monnaie pour motif de spéculation ($L'_r = 0$) rend LM parfaitement insensible au taux d'intérêt réel. Celle-ci n'est pas contraignante (pour preuve, l'ordre de détermination change, du marché de la monnaie vers le marché du travail chez Keynes, du marché du travail vers le taux d'intérêt pour le modèle classique). L'absence de LM *laisse alors libre le niveau des prix*, qui peut s'ajuster de manière à faire correspondre le salaire réel à son niveau d'équilibre du marché du travail. En d'autres termes, le monétaire ne constitue pas une contrainte pour l'équilibre réel, et on retrouve le résultat classique de parfaite dichotomie.

Au contraire, l'équilibre du modèle keynésien est affecté par la monnaie : la demande effective est sensible à des considérations d'ordre monétaire. Sur le plan (p, r), c'est la force contraignante de LM — inexistante chez les classiques — qui manifeste cette intervention : elle ôte un degré de liberté au modèle, et empêche l'ajustement du taux d'intérêt et des prix. La sensibilité de la demande d'encaisse au taux d'intérêt est la nouveauté fondamentale, inventée par Keynes en rupture avec les classiques ; de fait, c'est la raison d'être de LM. L'interprétation de l'œuvre keynésienne à laquelle on est conduit tient alors en ces mots : la distorsion du salaire (rigidité de w_0) ne devient réellement un problème que lorsqu'elle est associée à une distorsion monétaire (un effet d'encaisses réelles particulier, lié au taux d'intérêt). Tel est très précisément le message de Patinkin.

Conclusion du chapitre : « synthétiser » Keynes ?

Le présent chapitre s'est centré sur l'ajustement macroéconomique. Les interrogations de Keynes ont été insérées dans une logique relativement ancienne, celle de l'équilibre épargne-investissement. Son type de réponse, *l'épargne a posteriori* constituera néanmoins une position originale, susceptible de nombreuses extensions. Après la tradition, la postérité de Keynes a été signalée : les analyses contenues dans la *Théorie générale* semblent finalement avoir conduit la discipline économique à une nouvelle méthode (celle de la macroéconomie moderne), qui consiste, à l'aide de modèles simplifiés, à observer l'ajustement croisé des marchés les plus importants de l'économie. Le modèle IS-LM symbolise cette démarche. Il réintègre la question de l'ajustement épargne-investissement, et la réponse dite de *l'épargne a posteriori*, dans une perspective walrasienne : celle de l'équilibre général des marchés. Par *a posteriori*, il faut comprendre simplement *une fois que le marché des biens et services s'est ajusté*.

L'invention de Keynes est donc ramenée à un emprunt — génial et pertinent, soit, mais un emprunt seulement — de la macroéconomie marshallienne (et pigouvienne) à la perspective de l'équilibre général. Pour le modèle IS-LM, on a même parlé de récupération néoclassique des analyses keynésiennes, tant le modèle s'efforce de faire apparaître la compatibilité globale (la synthèse) des deux analyses : la première étant valable pour un certaine valeur des paramètres, la seconde pour d'autres valeurs. Y a-t-il là trahison, ou finalement, résumé judicieux d'un propos keynésien qui semble parfois avoir plus d'ambition radicale que de réalité ? C'est la question que nous allons maintenant aborder.

Chapitre 6

Cinq lectures de Keynes

Que faut-il retenir de Keynes ? À cette question, franche et directe, trop, sans doute, il n'y a pas de réponse unique : l'appartenance politique, la fidélité à tel ou tel courant de l'analyse économique, la position sociale sont autant de raisons qui vont pousser les lecteurs de Keynes à ne retenir qu'un des *modulos* du message keynésien. Il y a plusieurs lectures de Keynes, et ensuite, plusieurs extensions théoriques.

De façon à se repérer, au mieux, dans les différentes exégèses qui ont été faites de l'œuvre de Keynes, il nous a semblé qu'un regroupement en cinq lectures était suffisant. Bien sûr, pratiquement, il existe autant de lectures que de lecteurs. Le choix de cinq grands regroupements reflète une démarche de compromis : un chiffre inférieur aurait conduit à des « catégories » schématiques et insatisfaisantes ; un chiffre supérieur n'aurait pas permis de faire une claire synthèse des différentes écoles de relecture.

La première « synthèse » : IS-LM et ses extensions

Le modèle IS-LM reste la première grande lecture de Keynes : elle intervient quelques mois après la publication de la *Théorie générale* avec l'article de Hicks : « Mr Keynes and The Classics : a Suggested Interpretation », publié en 1937 dans la revue *Econometrica*. Le succès d'IS-LM est dû, selon nous, à deux faisceaux de causes bien différentes. D'abord, IS-LM a pu constituer un instrument de clarification du message de la *Théorie générale*. Le texte keynésien n'est pas toujours simple à saisir ; le style de Keynes, la construction de son argumentaire, présentent parfois des ambiguïtés — sans doute voulues. Le modèle IS-LM s'est empressé de gommer ces ambiguïtés. Le résultat en est : une interprétation sans doute sélective, mais, *simple et claire* et donc, *de nature à faciliter l'accès, au plus court, à la pensée de Keynes*.

Deuxième raison de la réussite de la synthèse hydraulique : le modèle IS-LM et surtout ses extensions ont constitué, de fait, les outils incontournables de l'analyse, et de la politique économique conjoncturelle ; ce, tout au long des années 1950 et 1960. Plus précisément, l'intégration de la flexibilité des prix dans le modèle, telle qu'elle a été présentée au précédent chapitre sous l'impulsion de Patinkin, avait l'immense avantage de *coller* parfaitement à la courbe de Phillips que l'on pouvait alors observer statistiquement (la réduction du chômage s'associe à l'inflation). Enfin notons que Keynes avait lui-même pris soin d'ouvrir à ce type d'interprétation, puisqu'au chapitre 2 de la *Théorie générale*, il insiste sur la biunivocité entre les variations du salaire réel et les variations du chômage (voir notre chapitre 4, p. 81).

Aujourd'hui néanmoins, cette première lecture est largement contestée, et sert le plus souvent de référence négative : il est vrai que la courbe de Phillips n'est plus vérifiée empiriquement. Pour être honnête, la contestation de la représentation IS-LM n'a pas commencé avec la *stagflation* (la coexistence de taux de chômage élevé et d'inflation). Depuis quasiment 1937, il est de bon ton de relever les imperfections des versions hydrauliques, et de proposer sa propre lecture, précisant justement qu'elle permet, mieux que celles-ci, de traduire la pensée keynésienne. Même John Hicks se prête au petit jeu : voir par exemple son livre *Causality in Economics*. Cette question de l'inaptitude du modèle IS-LM à rendre compte de l'essentiel du projet keynésien sera reprise un peu plus tard dans ce chapitre ; tout dépend encore de l'utilisation qu'on veut en faire. Ici, nous voudrions simplement discuter d'un argument évoqué pour affaiblir IS-LM, qui nous paraît excessivement schématique.

On entend très souvent le propos suivant : dans les versions hydrauliques, le rendu de l'incertitude, constitutive du message keynésien, est *insuffisant*. Ce propos est souvent hâtivement traduit par : dans les versions hydrauliques le rendu de l'incertitude est *inexistant*. De l'une à l'autre des formulations, il y a cependant un pas, que nous ne voulons pas franchir. Le modèle IS-LM intègre l'incertitude, d'une manière tout à fait spécifique, soit ! Mais il l'intègre. Pour s'en persuader, reprenons la construction du bloc monétaire du modèle. La sensibilité de la demande de monnaie aux taux d'intérêt résulte logiquement d'une méfiance face à l'incertain (sur l'évolution du taux d'intérêt) : elle détermine la pente de LM. Or, ensuite, par l'intermédiaire de LM, c'est bien cette réaction face à l'incertain qui vient contraindre l'ajustement, et expliquer, à l'intersection des deux courbes, le niveau d'équilibre du revenu. Autrement dit, *même dans le modèle IS-LM, l'incertitude et le monétaire interviennent pour réduire la demande effective en dessous du niveau de plein emploi.* Il est vrai cependant que certains travaux des keynésiens de la synthèse ont cherché à minimiser le rôle de l'incertitude dans la demande de monnaie, trouvant d'autres justifications de l'influence du taux d'intérêt (les coûts de transaction de Tobin, par exemple) ; le programme ouvert par Keynes reste néanmoins la relation monnaie-incertitude.

Les post-keynésiens

Les post-keynésiens, comme leur nom l'indique, situent leurs travaux dans la continuité immédiate de la *Théorie générale*. Durant les années trente, Keynes avait formé autour de lui un petit groupe de pré-lecteurs de ses travaux, baptisé *The circus*. On y discutait des travaux de Keynes mais aussi de ceux des autres membres : R. Kahn, J. et E.A. Robinson, P. Sraffa. C'est au sein de ce club d'économistes que le multiplicateur a d'ailleurs été mis au point. Les membres du *circus* sont restés à Cambridge. Mais le club s'est agrandi, et enrichi des contributions des jeunes chercheurs de Cambridge et d'ailleurs : on parle alors du groupe des cambridgiens et pour être un peu plus large des post-keynésiens. Durant les années cinquante et soixante, les post-keynésiens se sont fixé comme programme de travail d'étendre les principes fondamentaux de la *Théorie générale* à des domaines de l'économie que, dans l'urgence, Keynes n'avait pas voulu aborder en 1936.

Pour en faire un bref résumé, les travaux des cambridgiens reposent sur trois bases (recensées par P. Davidson, membre du post-keynésianisme) ; il s'agit en fait de contester trois axiomes constitutifs de la théorie néoclassique traditionnelle :

– *premier axiome contesté :* celui de la parfaite *substituabilité* des biens, ou des facteurs. Le monde réel n'est pas aussi flexible que la théorie le suppose. Par exemple, l'idée d'une fonction de production *à la Cobb-Douglas*, où le travail peut instantanément être substitué au capital selon le coût relatif des deux facteurs, relève pour les cambridgiens de la plus haute fiction (le *capital* lui-même est une notion beaucoup trop abstraite pour être acceptée sans plus de discussion). Les cambridgiens proposent des modèles de l'économie où la substitution capital-travail est imparfaite : sur cette base, une théorie de la croissance post-keynésienne se développe. La *Théorie générale* de Keynes traitait de l'équilibre à court terme et du chômage conjoncturel ; mais, peut-on étendre ses principes à l'analyse de l'équilibre de long terme ? Le débat est lancé par R. Harrod et E. Domar. Puis, les cambridgiens sont conduits à travailler sur la relation répartition et croissance (c'est la flexibilité de la répartition qui, dans les modèles cambridgiens, remplace la flexibilité de la fonction de production). Partant de propensions à épargner distinctes dans la population, une redistribution des revenus d'une catégorie à une autre est-elle de nature à améliorer la croissance globale de l'économie ? N. Kaldor, J. Robinson, puis L. Pasinetti s'intégreront dans cette perspective. Sraffa fera apparaître l'étonnante congruence de ce questionnement avec le modèle mis au point par Ricardo ;

– *second axiome contesté :* celui d'un monde *ergodique*, où les anticipations des agents peuvent être rationnellement élaborées, malgré la nature parfois aléatoire des phénomènes. Sous ce vocabulaire savant, *l'ergodicité du monde*, il faut entendre une hypothèse sur la nature de l'incertitude et ses conséquences sur le réel. L'aléatoire peut engendrer des perturbations (un choc aléatoire dans un système se répercute sur ses éléments) ; au bout du compte, ces perturbations vont-elles se stabiliser, ou bien produire un véritable mouvement chaotique tout à fait incontrôlable et imprévisible ? Dans le premier cas (*ergodicité du monde* et stabilité à long terme des perturbations), on peut envisager l'existence d'un équilibre et l'émergence d'anticipations rationnelles autour de celui-ci. Dans le second cas *(non-ergodicité)*, le réel est inintelligible tant il est anarchique : il semble impossible alors de supposer aux agents un quelconque processus d'appréhension rationnel du réel et de son évolution. Le principe même d'anticipation devient irréaliste, faute d'une base stable sur laquelle reposer. La seconde position entraîne donc clairement une révision radicale des théories classiques du comportement des agents en univers incertain. C'est ce pour quoi militent les post-keynésiens, dont le *leader* en ce domaine est G.L. Shackle ;

– *troisième axiome contesté :* la neutralité de la monnaie. Dans une économie incertaine, et imparfaitement flexible, la monnaie acquiert des propriétés totalement différentes de celles habituellement obtenues dans les modèles classiques : la première d'entre elles, la neutralité de la monnaie, se voit bien évidemment contestée. Fidèles à Keynes, les post-keynésiens considèrent que la non-neutralité passe par l'intermédiaire du taux d'intérêt. De même, la *liquidité* de la monnaie, et ses propriétés à l'égard de l'incertitude, apparaissent tout à fait centrales dans la compréhension de la spécificité monétaire. L'instabilité des marchés financiers et ses relations avec le concept de préférence pour la liquidité feront l'objet chez les post-keynésiens de travaux détaillés, notamment de la part de P. Minsky et P. Davidson.

Le circuit

Sur cette question de la monnaie, c'est à une autre école de relecture du texte keynésien que revient le mérite des travaux les plus systématiques. L'école du circuit se développe justement sur le principe d'une *économie monétaire*, c'est-à-dire, d'une économie où la monnaie n'est plus considérée comme un nième bien (acquis et revendu comme intermédiaire des échanges), mais comme un véritable support de flux : la monnaie forme le canal par lequel voyagent les différentes marchandises. Les figures de cette école sont françaises : A. Parguez, F. Poulon et B. Schmitt. Quelques contributeurs étrangers viennent grossir les effectifs : par exemple, A. Graziani (pour ses travaux sur le motif de finance), M. Lavoie (qui a d'ailleurs produit un bilan de la démarche *circuitiste*). Là encore, tentons de résumer l'école en quelques grands traits caractéristiques :

– le premier trait se relie directement au statut de la monnaie qui vient d'être évoqué : les circuitistes développent une conception originale de l'offre de monnaie et du financement de l'économie. Le principe de demande effective qui relie offre et demande globales, investissement et épargne, doit en outre, par symétrie, identifier demande et offre de monnaie. Le mécanisme concret de cette identité, c'est le crédit, qui assure aux entrepreneurs la création simultanée d'une valeur (créée par l'investissement) et d'un véhicule pour cette valeur (la monnaie). En d'autres termes, l'offre de monnaie est *endogène* et s'ajuste nécessairement à la demande. La théorie de circuit contestera néanmoins l'utilisation de ces termes d'offre et de demande : s'il y a bien identité stricte entre les deux concepts, la monnaie n'a pas de marché (c'est au sein des bilans bancaires que se boucle le circuit), et le taux d'intérêt n'est pas un prix objectif ;

– on relève de ce fait, pour la théorie du circuit, toute l'importance du *motif de finance*, lieu de l'association de l'investisseur au banquier, et condition logique d'une véritable *endogénéité* de la monnaie. Définissons ce motif. Le motif de finance correspond à un quatrième motif de demande de monnaie exprimée cette fois par les entreprises ; lorsqu'il y a crédit, il décrit l'opération par laquelle les entrepreneurs réussissent à faire financer leur investissement par une création monétaire parallèle. On l'a déjà dit, la prise en considération de ce phénomène constitue la critique sans doute la plus pertinente qu'on puisse faire à la construction IS-LM, puisqu'elle conduit à l'abandon d'un des piliers du modèle, à savoir l'effet d'éviction lié aux hausses du taux d'intérêt (on peut revenir à notre propre développement sur cette question de l'horizontalisme de LM, p. 123 du présent ouvrage : soit la monnaie est exogène comme dans le modèle IS-LM, et les effets d'éviction existent (presque) autant que dans la plus pure tradition classique ; soit la monnaie est endogène, et les effets d'éviction n'existent pas — faute de variations du taux d'intérêt). Finalement, l'*enjeu* du motif de finance, c'est le rejet de la *rareté* comme principe objectif de régulation économique et *la nature véritablement hétérodoxe de l'économie keynésienne*. Tant que le taux d'intérêt reste un prix signalant une tension sur les ressources, l'économie keynésienne n'est somme toute qu'une vague variation néoclassique autour de la monnaie comme facteur rare. *A contrario*, dès que le taux d'intérêt avorte ce rôle, le système keynésien s'affranchit totalement de ces racines classiques. Dans la *Théorie générale*, le motif de finance est néanmoins complètement sous-exploité, comme si Keynes ne s'était pas rendu compte qu'il constituait une condition nécessaire au bon fonctionnement de sa construction radicale. Le motif de finance — tel qu'il est repéré par la théorie du circuit — n'est systématiquement utilisé par Keynes qu'à partir d'un article postérieur à la *Théorie générale* datant de 1937 (« La Théorie *ex-*

ante du taux de l'intérêt », *Economic Journal*). *Le taux d'intérêt devient alors éminemment subjectif* : naguère signal objectif de tensions sur les ressources, le taux d'intérêt est désormais *message quasi-prophétique* du système financier. En bref, il mesure l'ampleur de la déconnexion entre la sphère réelle et la sphère financière ;

– le dernier grand trait de la théorie de circuit tient en sa méthodologie : ses postulats fondamentaux de l'investigation économique y sont spécifiques, c'est d'ailleurs de là que l'école tire son nom. Avant tout, la démarche du circuit est spécifiquement macroéconomique : l'analyse microéconomique, celle des relations de marché, est reléguée au second plan. L'originalité de la démarche va jusqu'à contester la référence au critère de l'équilibre des marchés ; la réalité économique est supposée ressortir d'un autre principe fondamental : la circulation des biens. À l'origine de cette position, on trouve en fait le refus de recourir à la notion de temps et de période temporelle. Pour une représentation du temps en une succession de périodes (indexées par t) au sein desquelles les différents comptes sont soldés, alors, on peut effectivement envisager des équilibres à la manière néoclassique... Mais à l'inverse, pour la représentation d'un temps historique, fait de décisions successives mais soldées seulement *a posteriori* par des écritures comptables, alors, tout est possible ! En tous les cas, le concept d'équilibre doit être réexaminé.

D'une manière générale, on s'en rend compte, les thèses du circuit conduisent à remettre en cause la validité des schémas mentaux habituellement admis par les économistes, notamment les représentations standard en termes d'équilibres comptables instantanés. La théorie du circuit se présente donc comme une véritable *hétérodoxie*. C'est sa force puisqu'elle intervient en amont de la méthode scientifique ; mais aussi sa faiblesse, tant sa méthodologie et son accès semblent déroutants pour les économistes formés au sein du dogme (de fait, la théorie du circuit souffre d'un déficit de reconnaissance des milieux les plus académiques : peu d'articles publiés dans les revues internationales, peu de représentations dans les universités).

La seconde synthèse : la nouvelle économie keynésienne

Autre école de pensée, avec beaucoup moins de problèmes de reconnaissance de la part de l'académie : la nouvelle économie keynésienne (NEK). Ce quatrième courant a connu plusieurs noms au cours de son histoire. D'abord, on a voulu le nommer théorie du déséquilibre, ou théorie des équilibres à prix fixes. Deux auteurs majeurs dans l'interprétation de la pensée keynésienne, Clower et Leijonhuvfud, sont à l'origine de cette appellation. Il s'agissait — sur la base des intuitions proposées par Keynes — de réintroduire la monnaie dans la perspective de l'équilibre général walrasien : en présence de *faux prix*, la monnaie sert de refuge des transactions insoldées et perd sa propriété de neutralité. Nous avons abordé cette théorie à plusieurs reprises (le mieux est de se reporter à l'index) : la thèse est que l'équilibre général walrasien — corrigé de la fiction du commissaire priseur — constitue le meilleur cadre de réinterprétation de la théorie keynésienne.

Aujourd'hui pour ce courant, il s'agit surtout, à côté de la question monétaire, d'expliquer pourquoi les prix sont *faux*. À la fin des années soixante et au début des années soixante-dix, la théorie des anticipations rationnelles provoque un véritable délitement des résultats keynésiens : l'article de Lucas (1976) montre l'inefficacité des politiques monétaires, et l'article de Barro (1974) l'inefficacité des politiques budgétaires. L'ensemble de ces contributions cherche à invalider les versions mécanistes de la macroéconomie keynésienne, sur l'idée d'une neutralisation, par les anticipations privées, des tentatives des gouvernements de manipuler l'activité économique (grâce à des variations de prix au-delà de la capacité d'indexation des agents).

La nouvelle économie keynésienne peut être présentée comme la réaction keynésienne à cette nouvelle économie classique de Lucas et Barro ; le choix du terme nouveau (nouvelle), pour son titre, sert alors à désigner les adversaires privilégiés. La NEK aurait donc parfaitement intégré et assimilé les critiques des anticipations rationnelles, à savoir, la nécessité d'observer en détail ce qui se passe au niveau des comportements individuels, effectifs et prévisionnels. Il s'agit pour la NEK de faire (ré)apparaître, sur la base de comportements microéconomiques rationnels, les résultats keynésiens concernant la politique économique : on parle ici *de fondements microéconomiques de la macroéconomie keynésienne.* Les grands noms du courant bénéficient d'une large réputation internationale. Citons : Akerlof, Azariadis, Benassy, Blanchard, Gordon, Malinvaud, Stiglitz.

L'intuition générale est que, malgré la rationalité des agents, les processus concrets de formation des prix sur les marchés peuvent être inefficients : les marchés échouent dans leur rôle d'allocation efficace des ressources. Il y a *market failures* (échecs de marché), mais désormais les rigidités de prix sont démontrées et résultent de processus endogènes, plutôt que simplement supposés comme dans la première synthèse. Le plus souvent, ce sont des imperfections dans l'information des agents qui sont à l'origine des défaillances. L'information est coûteuse voire complètement absente : les phénomènes de sélection adverse (information cachée) et de hasard moral (comportement caché) entraînent des coûts sur les transactions et viennent perturber la détermination des contrats. Les travaux de la NEK touchent tous les domaines de l'économie : le marché du travail, mais aussi les marchés financiers, et les marchés des biens et services. Dans la lignée de l'économie de la *concurrence imparfaite* de Robinson et Chamberlin, l'organisation industrielle va aussi être prise en compte pour l'explication de la plus ou moins grande flexibilité des prix : les ententes entre firmes, ou même entre travailleurs (au sein de syndicats), conduisent en général à déconnecter les prix de leur fonction de signal des variations conjoncturelles.

Enfin, à côté de l'imperfection des marchés, la NEK va aussi traiter de l'incomplétude des marchés. Fondamentalement, l'incertitude économique subie par les entrepreneurs au moment de la détermination de la demande effective doit être reliée à *l'absence de marchés d'assurance contre les méventes* : c'est parce que les entrepreneurs ne peuvent pas couvrir le risque de mévente de leur produit que l'incertitude existe. C'est d'ailleurs en cela que l'on peut justifier la préférence de Keynes pour la consommation plutôt que l'épargne : la consommation réduit l'incertitude puisqu'elle constitue un débouché immédiat pour les entrepreneurs ; l'épargne, en tant que consommation différée, laisse subsister l'incertitude. *L'incomplétude des marchés*, le fait qu'il n'existe pas un système complet de marchés contingents (marchés des biens pour le présent et le futur), *est donc la cause profonde de l'incertitude.* Les travaux de la NEK vont alors s'intéresser aux propriétés des marchés financiers à résorber cette incomplétude : sous certaines conditions précises, un marché à terme de produits financiers (actions, obligations, titres divers) constitue une assurance valable et un bon substitut aux marchés contingents. Dans d'autres situations, l'incertitude demeure : l'équilibre macroéconomique est multiple et fondamentalement aléatoire (voir les travaux de C. Azariadis et R. Guesnerie, de Grandmont). On retrouve au fond une parfaite synthèse de questionnement entre la macroéconomie keynésienne et les développements néoclassiques autour de l'équilibre général walrasien (étendu à l'incertain).

Les interprétations fondées sur l'incertitude radicale

Les quatre interprétations déjà passées en revue ont un point commun : elles mettent toutes en valeur le rôle particulier, primordial, que joue la notion d'incertitude dans le projet keynésien. Bien sûr, selon les écoles, le rôle est plus ou moins important, de personnage principal à simple figurant. Selon les écoles aussi, la définition de l'incertitude va être variable : tantôt elle est comparée à une information manquante ; tantôt elle est déclarée radicale, c'est-à-dire relevant de sa définition par Knight (nous avons évoqué cette définition au chapitre 3, l'incertitude au sens de Knight renvoie à un univers non probabilisable, l'incertitude au sens de Keynes fait appel au concept de poids des raisonnements). Cette dernière conception de l'incertitude est considérée par certains auteurs comme une clé d'interprétation fondamentale de l'œuvre keynésienne. Réunis, ces auteurs forment une école, tant l'ensemble apparaît cohérent et systématisé.

Une lecture de Keynes basée sur l'incertitude est d'abord redevable des écrits de Keynes lui-même qui tente de (re)donner à sa propre pensée sa véritable dimension d'une « théorie générale » de l'incertitude. Pour cela, deux textes se sont révélés d'un intérêt capital : le chapitre 12 de la *Théorie générale* ; et un petit texte de quinze pages, la « Théorie générale de l'emploi », publié par Keynes en 1937 et présenté comme une sorte de résumé du livre de 1936. Ces deux documents proposent une vision du comportement de l'agent imprégné par l'incertitude qui l'entoure. Keynes y reprend une partie des analyses déjà développées dans le *Traité des probabilités* (*cf.* notre chapitre 3) :

l'incertitude se définit par le très faible poids accordé aux raisonnements logiques. Les procédés rationnels d'interprétation et surtout de prévision du réel sont alors difficilement validés et, en pratique, très peu utilisés par les agents : faute d'une base stable pour élaborer des anticipations, d'autres règles de comportement émergent. Dans la *Théorie générale* (le chapitre 12), Keynes limite le champ des comportements affectés par l'incertitude aux comportements financiers. Dans l'article de 1937, le domaine s'étend à l'ensemble des comportements économiques : l'économie tout entière devient une véritable *économie de casino*. Dans ce cas, pour reprendre les termes mêmes de Keynes, il ne reste plus qu'à nous comporter, « afin de sauver la face en tant qu'hommes rationnels », en adoptant trois « techniques » face à l'incertitude :

– considérer que le présent est le meilleur des guides de l'avenir : il n'y a donc pas de sauts brusques entre le présent et le futur ;

– considérer que les autres agents qui nous entourent se font une opinion correcte de ce futur ;

– et donc, partant, se conformer à l'opinion moyenne. C'est à dire, agir *conventionnellement*.

Le mot est lâché : *convention*. Keynes lui-même a proposé une clé de lecture de son œuvre : celle d'une théorie où les comportements économiques, fondamentalement affectés par l'environnement incertain, échapperait à la rationalité traditionnelle (collecte et traitement individuel de l'information, prévision, décision, action). La nouvelle règle est : *suivre la convention*. Dans le chapitre 12 de la *Théorie générale*, Keynes compare les comportements financiers à un « concours de beauté » un peu particulier. Pour le jury, il ne s'agit pas de déterminer qui est la plus belle jeune fille, mais de déterminer qu'elle est, parmi les concurrentes, celle qui remportera le plus de suffrages ; le juré gagnant sera celui qui aura su le mieux se conformer à la convention. Évidemment, mêmes règles pour les comportements financiers : il ne s'agit pas, pour choisir le bon placement, de déterminer le titre et l'entreprise la plus performante, il s'agit de déterminer le titre que les autres vont choisir, ce qui est la meilleure garantie d'une évolution favorable du cours. « Il vaut mieux [...] échouer avec les conventions que réussir contre elles »

(*Théorie générale*, Payot, p. 172). Au sens où on l'a déjà défini, les comportements financiers sont *autoréférentiels* : il faut s'occuper de ce que son groupe de référence pense, et non pas de ce qui lui est extérieur (la santé réelle de l'entreprise, par exemple). Faute d'ancrage dans le réel, le cours des titres peut alors substantiellement différer de sa valeur fondamentale (celle qui reflète la qualité économique de l'entreprise), entraînant de ce fait de nouvelles incertitudes. Une *finance d'autoréférence* prend le pas sur l'activité réelle : des *bulles spéculatives* apparaissent (et ce, même en présence d'agents à anticipations rationnelles) ; les krachs sont désormais envisageables. Le niveau élevé du taux d'intérêt et la faiblesse de la conjoncture ne sont alors que les manifestations concrètes de cette essentielle instabilité.

Lorsqu'il est son propre lecteur, Keynes, insiste donc très largement sur *l'économie de casino*. Plusieurs travaux reprennent cette voie et tentent de donner encore plus d'ampleur à la proposition keynésienne. A. Orléan et J.-P. Dupuy cherchent à mettre en évidence les liens, ou les ruptures, que le comportement conventionnel entretient avec le comportement rationnel classique. L'imitation est-elle rationnelle ? Dans quelle mesure, le mimétisme ne fait-il pas intervenir une dimension proprement collective du comportement humain qui s'opposerait à (ou compléterait ?) l'individualisme supposé des agents. Une *théorie des conventions* se développe. Les représentants de cette école sont : F. Eymard-Duvernay, O. Favereau, L. Thévenot. L'objectif est de montrer que, en plus du marché comme procédure de coordination des décisions individuelles, il existe d'autres moyens pour les agents de se coordonner : les conventions — que les individus ou les groupes établissent — constituent les éléments d'une autre régulation économique, c'est-à-dire d'une autre mise en compatibilité des décisions privées. Les conventions peuvent être favorables, ou au contraire, défavorables et entretenir encore la faiblesse de la conjoncture : on retrouve la notion d'« état de confiance » déjà vue chez Keynes. Au niveau macroéconomique, l'État est évidemment la première des conventions : il est en principe un réducteur d'incertitude, mais son aptitude variée, selon ses décideurs, selon sa représentativité, selon sa sociologie, va conditionner la crédibilité de son action et finalement son efficacité. Autant que l'action conjoncturelle globale (politique budgétaire et politique monétaire), c'est l'organisation structurelle et régionale de l'État qui va aussi compter, tant il est parfois nécessaire d'orienter l'activité privée dans ses modalités les plus locales (les travaux de R. Salais illustrent cet engagement). Au niveau microéconomique là encore, les conventions — les règles explicites ou implicites passées entre les agents dans le domaine des contrats de travail ou des contrats de financement, etc. — vont déterminer l'efficacité de la régulation économique. (Pour une première approche de ces travaux, on peut se référer à l'ouvrage collectif, *Analyse économique des conventions*, édité par A. Orléan : des *poignées de mains visibles* entre acteurs viennent compléter la main invisible du marché.)

Cette dernière lecture conventionnaliste de Keynes raisonne aussi parfaitement bien avec notre interprétation *constructiviste* de l'économie keynésienne, telle que nous l'avons évoquée pour la question de la demande effective (section II du chapitre 4) ou le renversement de la relation I-S (section I du chapitre 5). Avec de tels concepts, Keynes nous dépeint une économie affranchie de la contrainte physique de rareté : ce ne sont plus les ressources préalables de la nature — plus ou moins bien agencées — qui font le niveau d'activité ; *ce sont des décisions humaines qui, en tant que paris sur le futur, inventent les ressources et finalement les réalisent.* Ainsi, au sein du schéma causal (et même, au sein du modèle IS-LM), préférence pour la monnaie et son corollaire le taux d'intérêt, efficacité marginale du capital et son corollaire l'investissement, demande effective et son corollaire le niveau d'emploi, ne doivent-ils être perçus que comme les différentes mesures *conventionnelles* de l'état — subjectif puis objectif — d'une communauté quant à sa propre disposition à entreprendre. Résultat final : le niveau d'activité et le niveau d'emploi ne sont pas *naturels* ; ils apparaissent *construits et préconstruits*, dans les têtes et dans les comportements.

Cette conception — en écartant (définitivement ?) la nature de la régulation économique — fait une place privilégiée aux hommes, qui sont alors invités à *réaliser* leur activité économique telle qu'ils la veulent. Ou encore, pour reprendre une terminologie plus orthodoxe : les équilibres permis par l'ordre naturel se révélant multiples, c'est aux agents socio-économiques de *faire et choisir* celui-là plutôt qu'un autre. Par exemple, aucun fatalisme ne saurait prévaloir dans la question du chômage : on peut (on doit) agir et réagir, aux niveaux individuel et collectif, jusqu'à expurger le chômage, et — surtout — l'idée du chômage, de la régulation économique. En la matière, là encore, *les limites sont plus dans les esprits que dans les corps* : aux contraintes physiques (celles de la nature) se sont substituées les contraintes subjectives (celle de la volonté).

Conclusion du chapitre : projet radical contre projet pragmatique

Parmi les cinq clés d'interprétation que nous venons d'aborder laquelle choisir ? À cette question, plusieurs éléments de réponse. D'abord il n'est pas nécessaire d'en choisir une seule : les interprétations se sont pas forcément concurrentes, elles sont parfois complémentaires. La seconde synthèse (la NEK) vient compléter et affiner la première synthèse : les fondements microéconomiques des échecs de marché et des rigidités de prix montrent dans quelles conditions le modèle IS-LM va pouvoir fonctionner, son utilisation macroéconomique n'en devient que plus pertinente. De même, circuit et incertitude radicale ne sont pas incompatibles : au contraire, les thèses des circuitistes pourraient très bien venir enrichir, de leur méthodologie macroéconomique, les considérations plus localisées de la théorie des conventions.

En terme historique, les différentes lectures peuvent finalement se regrouper en deux grandes composantes. O. Favereau propose en 1985 une grande césure au sein de celles-ci : celles qui privilégient le projet radical keynésien, et celles qui insistent sur le projet pragmatique. Ces deux projets renvoient à la genèse de la *Théorie générale* entre 1930 et 1936 et correspondent à un découpage au sein de ces six années. Le *projet radical* tel qu'il est défini par Favereau correspond à l'ambition de Keynes, jusqu'à l'année 1933, de proposer une véritable révolution de la théorie économique. Basée sur une nouvelle conception de l'incertitude, la pensée keynésienne se fixait alors comme objectif de construire une théorie économique nouvelle, fondamentalement incompatible avec les schémas traditionnels des économistes classiques (le chapitre 12, écrit dès les premières années de conception de la *Théorie générale*, est considéré comme un vestige du projet radical). Le *projet pragmatique* constitue lui, *a contrario*, une réorientation du projet initial. Cette réorientation, datant de la fin de l'année 1933, est imposée par l'urgence d'élaborer un ensemble d'outils immédiatement efficaces pour débattre et convaincre les interlocuteurs de Keynes, en tout premier lieu, les économistes de formation classique en charge de la politique économique dans les années trente. À partir de 1934, donc, Keynes cherche à minimiser son ambition radicale. Il fait des concessions à l'orthodoxie, telles que le chapitre 2 qui présente le chômage comme une imperfection de marché, ou l'emplacement du chapitre 12 comme un sorte de développement annexe de sa construction générale.

Clairement, l'aspect pragmatique de la *Théorie générale* va justifier alors les démarches les plus synthétiques ; l'effort d'économistes tels que Hicks ou plus tard Patinkin s'intègre dans cette logique : il s'agit de rendre compatibles les intuitions keynésiennes avec la méthodologie standard néoclassique ; le modèle IS-LM est une illustration de cet effort. Mais en même temps, l'existence suspectée d'un projet radical plaide pour des tentatives renouvelées de lecture et relecture de l'œuvre de Keynes avec comme objectif de révéler, au-delà du texte existant, la « substance » du projet radical malheureusement abandonné. Alain Barrère utilise lui l'expression de « théorie souche », constituée par l'œuvre de Keynes, mais dont il faudrait reconstruire les différents développements. Un *keynésianisme de la généralisation* (du message de Keynes) voit le jour ; les thèses post-keynésiennes, celles du circuit, et celles fondées sur l'incertitude radicale, en sont des tentatives.

Le présent ouvrage fait une place identique aux deux pistes de lecture : projet pragmatique, projet radical. L'auteur de ce livre n'a pas vraiment tranché. Deux remarques cependant. Une fois encore, il n'y a pas systématiquement opposition entre les deux démarches. Par exemple, J. Arrous fait remarquer la complémentarité entre la conception hydraulique et celle de l'incertitude radicale : lorsque l'état de confiance des agents est stable, c'est-à-dire lorsque les anticipations des agents suivent une convention régulière (plus ou moins optimiste, peu importe), l'emplacement des courbes n'a pas de raison de changer ; et, *à convention constante, la démarche hydraulique est valide.* Dans ce cas, on peut envisager de mesurer l'effet des politiques économiques, et appliquer sans risque la méthodologie

IS-LM. C'est seulement lorsque les conventions changent que le modèle devient erroné.

Enfin, deuxième remarque, connaissant la vie de Keynes, connaissant son effort constant pour ancrer ses interrogations dans l'activité économique la plus concrète, peut-être ne faut-il pas voir le projet pragmatique comme une conversion à contre-cœur. Ce pragmatisme de Keynes nous a finalement beaucoup servi ; la *Théorie générale*, sous sa forme publiée, a déjà énormément modifié la science économique. Elle a donné naissance à un nouveau type de questionnement, la prévision conjoncturelle, et à un nouveau type d'instrument, la macroéconomie. Elle a fait passer l'analyse économique, d'une science souvent spéculative et très abstraite, à une discipline plus appliquée, susceptible de mesure et d'empirisme, et constituant un outil essentiel pour les choix de politique économique. Peut-être est-ce en cela que réside la révolution keynésienne : en un projet méthodologique (l'auteur du présent livre défend cette position dans un article où le projet méthodologique de Keynes est rapproché de la philosophie de Wittgenstein : le philosophe et l'économiste auraient pu subir une influence réciproque, les menant tous deux à une conversion simultanée datant justement de 1933) ?

Conclusion générale

L'audace du savant, l'audace du politique

L'œuvre de Keynes est immensément riche. La multiplicité de ses interprétations, un demi-siècle après la mort de Keynes, n'en est que la preuve la plus évidente. Selon nous, sa richesse, au-delà des querelles d'école, tient justement en ce qu'elle s'adresse à plusieurs publics, à plusieurs lectorats, qui privilégient chacun tel ou tel aspect des préoccupations keynésiennes. Le statut des lecteurs influence la réception du message, c'est ce que nous voulons dire... Cette remarque, devenue banale, va néanmoins permettre de bien résumer l'apport de Keynes pour notre actualité. Distinguons deux catégories schématiques de lecteurs : le décideur politique et l'universitaire.

L'homme politique voit dans l'œuvre de Keynes un instrument d'analyse et de politique économique. Directement utile pour le politique, le message keynésien est donc en partie au moins *un guide d'action* (à cet égard, les versions hydrauliques sont privilégiées sur les autres, car elles fournissent la mesure et les outils de l'action). C'est le côté pragmatique de Keynes. Pragmatique et audacieux ! Il y a en effet un pas à franchir entre la spéculation théorique, et les propositions applicables. Keynes a osé. Son audace est, considérant le renoncement général contemporain, en elle-même un exemple à suivre. La pusillanimité des acteurs, lorsqu'elle concerne les décideurs politiques, n'a pas que des conséquences monétaires !

L'universitaire voit au contraire en Keynes une œuvre dense, susceptible d'extension. C'est le projet radical, dont la clé semble bien se trouver dans le traitement de l'incertitude (qui, elle, tend logiquement à affaiblir les versions hydrauliques). On ne peut qu'encourager l'universitaire dans ses recherches, tant on sent bien le besoin profond pour la science économique de se renouveler. Attention toutefois à ne pas brouiller, en querelles de chapelles, le message général de Keynes. Au-delà des spéculations conceptuelles, il reste le refus d'une fatalité bien sensible et finalement très peu théorique : le chômage.

Les deux démarches sont finalement toutes deux audacieuses : elles réclament toutes deux *inventivité et tempérament.* Dans un réel toujours à construire et à reconstruire, c'est aussi à nous d'en faire preuve.

Bibliographie

Keynes dans le texte

KEYNES J.M., *The Collected Writings of J.M. Keynes*, Londres, Macmillan for the Royal Economic Society (réédition achevée en 1983).

Notamment :

Vol II : *The consequences of the Peace*, 1919.

Vol IV : *A Tract on Monetary Reform*, 1923.

Vol V : *A Treatise on Money I, The Pure Theory of Money*, 1930.

Vol VI : *A Treatise on Money, Applied Theory of Money*, 1930.

Vol VII : *The General Theory*, 1936.

Vol VIII : *A Treatise on Probability*, 1921.

Vol X : *Essays in Biographie.*

Vol XIV : *The General Theory and After : part II. Defence and Development* (les deux articles de 1937 s'y trouvent, voir *infra* pour leur traduction en français).

KEYNES J.M., 1937, repris en français *in* « La théorie générale de l'emploi », *Revue française d'économie*, vol X, 1990.

KEYNES J.M., 1937, repris en français *in* « La théorie *ex-ante* du taux de l'intérêt », *Revue française d'économie*, vol X, 1989.

KEYNES J.M., *Théorie générale de l'emploi, de l'intérêt et de la monnaie*, Petite Bibliothèque Payot, 1990. (Cette édition nous a servi de référence.)

Ouvrages et articles de référence

ARENA R., TORRE D. éd., *Keynes et les nouveaux keynésiens*, PUF, 1993.

ARROUS J., « Keynes et les probabilités, un aspect du fondamentalisme keynésien », *Revue économique*, vol. 33, 1982, pp. 839-861.

ARROW K., DEBREU G., « Existence of an Equilibrium for a Competitive Economy », *Econometrica*, 1954.

ARROW R., HURWICZ L., BLOCK H., « On the Stability of the Competitive Equilibrium », *Econometrica*, 1959.

BARRERE A. éd., « Keynes aujourd'hui : théorie et politique », *Economica*, 1985.

BARRO R., « Are Government Bonds Net Wealth », *Journal of Political Economy*, 1974.

BENASSY J.-P., « Théorie du déséquilibre et fondements microéconomiques de la macroéconomie », *Revue économique*, vol. 27, 1976, pp. 756-804.

BENASSY J.-P., *Macroéconomie et théorie de déséquilibre*, Dunod, 1984.

CARTELIER J., *L'Économie de Keynes*, De Boeck, 1995.

CHAMBERLIN E., *The Theory of Monopolistic Competition*, Harvard University Press, 1933.

CLOWER R. ed., *Monetary Theory*, Penguin Modern Economic Readings, 1969.

CODDINGTON A., « Keynesian Economics : the Search of some Principles », *Journal of Economic Literature*, 1976.

DUPUY J.-P., *Introduction aux sciences sociales, logique des phénomènes*, Collectif, Ellipse, 1992.

FAVEREAU O., « L'Incertain dans la révolution keynésienne : l'hypothèse Wittgenstein », *Économies et sociétés*, série PE, n° 3, 1985, pp. 29-72.

FISHER I., *The Purchasing Power of Money*, Macmillan, 1911.

FISHER I., *The Theory of Interest*, Macmillan, 1930.

GEORGESCU-ROEGEN N., *Analytical Economics, Issues and Problems*, Harvard University Press, 1966. Cet ouvrage reprend l'article de 1958 qui a été utilisé dans le corps du texte.

GRANDMONT J.-M., *Monnaie et valeur*, Série ENSAE, Economica, 1986.

GRAZIANI A., « The Debate on Keynes Finance Motive », *Economic Notes*, vol. 13, 1984.

HAYEK F., *Prix et production*, Agora, Calmann-Levy, 1931.

HICKS J., « Mr Keynes and the Classics : a Suggested Interpretation », *Econometrica*, 1937. Repris en français *in* BERTHONECHE M., TEULIER J., éd., *Théorie macroéconomique : textes fondamentaux*, PUF, 1977.

HICKS J., *Causality in Economics*, Basil Blackwell, 1979.

KAHN R., « La relation entre l'investissement intérieur et le chômage », *Economic journal*, 1931, repris en français *in* BERTHONECHE M., TEULIER J., éd., *Théorie macroéconomique : textes fondamentaux*, PUF, 1977.

KNIGHT F., *Risk, Uncertainty and Profit*, University of Chicago Press, 1921.

LAVOIE M., « Monnaie et production : une synthèse de la théorie du circuit », *Économie et société*, vol. 9, 1987, pp. 65-101.

LEIJONHUVFUD A., *On Keynesian Economics and the Economics of Keynes*, Oxford University Press, 1968.

LEVY P., « La préférence pour la liquidité : une théorie générale de la détention des richesses durables », *Économie appliquée*, vol. XLI, 1989, pp. 289-330.

LUCAS R., « Econometric Policy Evaluation, a Criticism », *Journal of Monetary Economics*, 1976.

MALINVAUD E., *Réexamen de la théorie du chômage*, Calmann-Levy, 1980.

MARSHALL A., *Money, Credit and Commerce*, Macmillan, 1922.

MARSHALL A., *Principes d'économie politique*, Gordon and Breach, 1890. Traduction française éditée par Giard et Brière.

ORLÉAN A. éd., *Analyse économique des conventions*, PUF, 1992.

PATINKIN D., *Money, Interest and Prices*, Row Peterson, 1956. Traduction française : *Monnaie, intérêt et prix*, PUF.

PATINKIN D., *Keynes Monetary Thought*, Duke University Press, 1976.

PIGOU A., *Industrial Fluctuations*, Macmillan, 1927.

PIGOU A., *The Theory of Unemployment*, Macmillan, 1933.

POULON F. ed., *Les écrits de Keynes*, Dunod, 1985.

POULON F., « Keynes et Robertson : naissance d'un désaccord », *Économie et société*, vol. 9, 1987, pp. 9-22.

RAMSEY F., « Truth and Probability », *in The Foundations of Mathematics and Other Logical Essays*, Harcourt Brace and Co., 1926.

ROBINSON J., *The Economics of Imperfect Competition*, 1932. Traduction française : *L'économie de la concurrence imparfaite*, Dunod.

SAMUELSON P.-A., *L'économique*, A Colin, 1982, (11e édition).

SAVAGE L., *The Foundations of Statistics*, Dover Publications, 1954.

SAY J.-B., *Traité d'économie politique*, BNF.

SHACKLE G., *The Years of High Theory*, Cambridge University Press, 1967.

SKIDELSKY R., (tomes 1 et 2), *John Maynard Keynes*, Macmillan, 1992.

SONNESCHEIN H., « Do Walras Identity and Continuité Characterize the Class of Community Excess Demand ? », *Journal of Economic Theory*, 1973.

SRAFFA P., « The Law of Return under Competitive Conditions », 1926. Traduction française dans SRAFFA P., *Écrits d'économie politique*, Economica.

VENTELOU B., « L'incertitude Keynésienne et le projet pragmatique : l'hypothèse de l'instrumentalisme scientifique », *Économie et société*, 1997.

VERCELLI A., *Méthodological Foundations of Macroeconomics*, Keynes & Lucas, Cambridge University Press, 1991.

WALD A., 1933, repris en anglais, « On Some Systems of Equations of Mathematical Economics », *Econometrica, 1951.*

WALRAS L., *Éléments d'économie politique pure*, Pichon et Durand-Auzias, 1874.

WEINTRAUB S., « The Keynesian Theory of Inflation : the Two Faces of Janus? », *International Economic Review*, 1960.

WICKSELL K., *Lectures on Political Economy*, Routledge, 1906.

Index des noms

Index analytique

D

E

F

G

H

I

J

L

M

N

P

Q

R

S

T

V

W

Réalisation 4

Achevé d'imprimer sur les presses de l'imprimerie Maulde et Renou - Dépôt légal n° 6412 - octobre 1997 - Imprimé en Fran